On Socialistic Society

论社会主义社会

中文版

Chinese Version

金 宁

Ning JIN

CreateSpace

www.createspace.com

ISBN-10: 1449520286
ISBN-13: 9781449520281

To order books of Chinese version please visit: https://www.createspace.com/3400708
To order books of English version please visit: https://www.createspace.com/3399134
For more information please email to: SocialistNingJin@hotmail.com.

目录

一．辩证唯物主义与社会主义社会

什么是社会主义社会？中国，越南，朝鲜，古巴，前苏联与东欧等国家，都自称为社会主义国家，也被国际社会公认为社会主义国家。这些国家的社会形态，有着明显的相同的特点，就是国家拥有大多数生产资料，这也是不同于世界上其他国家的特点。本文要研究的社会主义社会，就是这些国家的社会形态。有很多人认为，北欧诸国也是社会主义国家。但是，北欧诸国的社会形态，更接近于西欧北美发达资本主义国家，国家不拥有大多数生产资料，所以本文不把这些国家和中国、越南、古巴、朝鲜、前苏联与东欧等国家归结在一类。

苏联是世界上第一个社会主义国家，中国是现存的最大的社会主义国家。本文将主要以中国为样本，来研究社会主义社会。

在苏联建立之前，可以上溯到16世纪，社会主义社会的想法就已经出现。在资本主义社会里，一些见证了种种苦难的哲人，出于对美好生活的向往，设想出了一种能克服资本主义社会的种种弊端的社会，并把这种社会命名为社会主义社会。这些哲人的思想也被人们称为社会主义思想。这些哲人包括圣西门，傅立叶，欧文，马克思，恩格斯等，而其中最著名的是马克思。马克思的思想也就是马克思主义。马克思在《资本论》中精辟地分析了资本主义社会，在此基础上设想人类社会的发展规律将是从资本主义社会，经社会主义社会，最后发展到共产主义社会。按马克思和恩格斯的设想，社会主义（或者说是共产主义的第一阶段）的基本特征，将是生产资料公有，生产有计划进行，产品按劳分配，没有阶级剥削和阶级压迫。在马克思主义的影响下，世界上一大批人开始为实现社会主义社会和共产主义社会而奋斗，建立了各种社会主义和共产主义的政党，开始了延续至今的国际共产主义运动。

1917年的十月革命，列宁领导布尔什维克党，带领俄国人民建立了世界上第一个社会主义国家苏联。从此，社会主义国家在世界上出现了，社会主义社会在世界上出现了。列宁研究了马克思等人的社会主义思想，并结合俄国的现实，提出了一整套建立社会主义国家的理论。列宁的思想被后世称为列宁主义，又和马克思主义一起，被称为马克思列宁主义，即马列主义。苏联的建立，就是在马列主义的指导下实现的。其后，中国，越南，朝鲜，古巴，以及东欧诸国等，先后成为社会主义国家，马列主义也是这些国家建立社会主义制度的指导思想。

社会主义国家建立后，人们立刻发现社会主义理论 --- 马列主义以及一切先哲们关于社会主义的设想 --- 和社会主义社会现实之间的差距。于是，在社会主义社会建设发展的同时，一个发展（实际就是修改）马列主义理论以适应社会现实，或修改（很多时候被称为完善）社会主义制度以符合马列主义理论的过程开始了。而且非常不幸地是，这类过程导致了苏联的大清洗，中国的三年困难时期，柬埔寨的消灭城镇商业等一系列灾难性的后果，也导致了国际共产主义运动内部的争论和分裂。

在社会主义国家出现之前的社会主义理论，无论是圣西门、欧文，马克思、恩格斯，还是列宁、考斯基的理论，都是在分析资本主义社会的基础上，以克服资本主义社会的弊端为出发点，经过各种推理论证和想象而得到的。这些理论，是在社会主义社会还没出现的时候出现的，或多或少地带有主观的成分。当社会主义制度建立之后，在社会主义实践中碰到各种问题的时候，以马列的理论为参考，对解决问题是会有帮助的。但是，如果以为马列主义是绝对不能逾越的，是绝对的真理，在解决问题的时候一定不能跟马列的理论相违背，那就大错而特错了。

这里并不是要否定马列主义。本人是赞同辩证唯物主义和历史唯物主义的。事实上，《资本论》堪称应用辩证唯物主义和历史唯物主义的观点和方法进行社会分析的典范。资本主义国家迄今无法克服的周期性经济危机，就足以证明马克思对资本主义社会的分析是正确的。世界上的社会主义国家，也都是在马列主义的指导下建立起来的。但在马克思的时代，社会主义还是未知的社会形态。对未知事物，以客观事物为基础，通过逻辑推断，做出主观设想，并付诸实践，这是辩证唯物主义的主观能动性。但是在通过实践，或者随着事物本身的发展，在未知事物变成现实事物以后，必须以现实存在为基础，随时对前面的主观设想做出调整、修正。否则，认为以前的设想就是绝对正确的而不允许任何变动，那就不是真正的辩证唯物主义，而是教条主义。实际上，列宁、毛泽东生前都根据社会现实开始考虑对社会主义理论做出修改。但他们都没能完成他们的修改。可能有人说，对马列主义进行调整修改，那不就是修正主义了吗？关于这个问题，在对社会主义进行了全面分析之后，将在第十一章给出回答。

本文要做的，就是要依着葫芦画个瓢，用辩证唯物主义和历史唯物主义的观点和方法，对现实存在的社会主义社会进行一些基本的分析。很多基本的概念，比如商品，劳动力、生产资料、资本、剩余价值，阶级，生产力，生产关系等，都将沿用马克思的定义。只不过，有一点必须强调，那就是现实存在的社会主义社会，社会主义国家出现之前的社会主义理论中的社会主义社会，以及社会主义国家出现后那些被认为是继承和发展了马列主义的社会主义理论里的社会主义社会，这几者之间是有区别的。

其实任何人都可以对社会主义有自己的看法。社会主义是什么？社会主义的未来是什么？社会主义社会里的每一个人身处其间，心感体受，都可以有自己的独立的思考和判断。世界上的每个人，即使不是生活在社会主义社会里，也是可以通过各种渠道对社会主义社会和社会主义理论有所了解，同样也都可以有自己的独立的思考和判断。本文的观点，就是本人的思考和判断。呈现于世，希望能起到抛砖引玉的作用。

二． 社会主义社会的基本特征

社会主义社会里，公有生产资料占主导地位，但生活资料是私有的。一方面，现实的社会主义社会里的生活资料是私有的。另一方面，按照马克思的设想，社会主义社会的生产力水平，还没有达到能实现按需分配的水平。因此，生活资料必须是私有的。

社会主义社会的生产方式，是社会化大生产。每个生产单位，其产品是面向全社会的，而不是为了生产者自己的消耗。

迄今为止，已有的社会主义国家的生产力水平，与资本主义国家基本相同。在技术，科学，教育等各方面，已有的社会主义国家不如发达资本主义国家，却强过落后的资本主义国家。

社会主义社会的社会生产单位的组织形式，与资本主义国家也基本相同，如工厂，商店，公司，银行，等等。但是社会主义社会里，由于公有生产资料是属于全社会的，不同生产单位之间有着很强的组织性。

社会主义社会里，这种社会生产的有组织性，表现在不同生产单位之间的组织性上，更表现在整个社会不同层次的经济活动的组织性上。社会的经济生产活动是有不同层次的。有车间、工厂、公司，有零售、批发，有一个乡一个市的经济生产，有一个地区一个省的经济生产，也有整个国家的经济生产。在社会主义社会里，以公有生产资料为基础，整个社会里不同层次的经济生产就能够组织在一起，形成整个社会一盘棋的局面。全社会的有组织的生产，这是社会主义应有之意。全社会的有组织的生产，将使社会主义能够避免经济危机的发生，这是社会主义的优越性之所在。

在社会主义社会里，社会生产是有组织的，同时，社会生产的分工协作也仍然存在。既有每个生产单位内部不同人员的分工协作，也有不同行业部门单位的分工协作，还有不同区域不同层次的经济分工协作。这些因素，都决定了管理者和被管理者的存在。那么，是否会出现这样的情况：有分工，有协作，有组织，但不要管理者？这种情况，只能出现在单个的小生产的单位里。就单个生产单位来说，生产的规模越大，参与生产的人越多，技术含量越高，就越需要管理者。而就整个社会而言，整体的分工协作组织，必须要有管理者。

由于社会主义里，以公有生产资料为基础的社会生产的有组织性，也就决定了公有生产资料的管理者全体的有组织性。公有生产资料的管理者们一定是有组织的。不同单位、不同部门、不同层次的公有生产资料的管理者们，他们之间需要相互合作、协调，他们一定要组织在一起。他们形成的组织，是一个全社会性的组织。这个组织管理着全社会的公有生产资料，关系到整个社会里每一个人的个人利益。因此，这个公有生产资料的管理者全体组成的组织，将是社会主义社会的国家机构的一部分。而那些管理者们，就将是国家机构里的官员。

有组织的公有生产资料管理者们的存在，决定了社会主义社会里必然要存在国家机构。与以往的国家制度不同的是，社会主义的国家，将不仅仅是社会政治次序的维护者，而且是社会生产的组织者。并且，社会主义的政治次序，包括了整个社会的生产活动的有组织性。

关于社会主义社会的国家问题，恩格斯在《反杜林论》（1877年）中提出：

"无产阶级将取得国家政权，并且首先把生产资料变为国家财产。但是，这样一来它就消灭了作为无产阶级的自身，消灭了一切阶级差别和阶级对立，也消灭了作为国家的国家。… 当国家终于真正成为整个社会的代表时，它就使自己成为多余的了。当不再有需要加以镇压的社会阶级的时候，当阶级统治和根源于至今的生产无政府状态的生产斗争已被消除，而由此产生的冲突和极端行动也随着被消除了的时候，就不再有什么需要镇压了，也就不再需要国家这种实行镇压的特殊力量了。国家真正作为整个社会的代表所采取的第一个行动，即以社会的名义占有生产资料，同时也是它作为国家所采取的最后一个独立行动。那时，国家政权对社会关系的干预将先后在各个领域中成为多余的事情而自行停止下来。那时，对人的统治将由对物的管理和对生产过程的领导所代替。"

恩格斯指出社会主义的建立需要国家来完成。但是，在国家以社会的名义占有了生产资料以后，国家政权就将消亡。恩格斯实际上没有意识到，"对物的管理和对生产过程的领导"，也是一种"社会关系"，也将形成国家的政权干预。

而列宁则在《国家与革命》（1917年）中指出：

"所以就这一点说，还需要有国家在保卫生产资料公有制的同时来保卫劳动的平等和产品分配的平等。""国家正在消亡，因为资本家已经没有了，阶级已经没有了，因而也就没有什么阶级可以镇压了。""但是，国家还没有完全消亡，因为还要保卫那个确认事实上的不平等的'资产阶级权利'。要使国家完全消亡，必须有完全的共产主义。"

列宁的论断强调的是，社会主义制度，不仅仅需要由国家政权来建立，而且需要由国家政权来维护其政治次序。他指出了公有制本身，以及劳动的平等和产品分配的平等是社会主义需要维护的政治次序，需要国家政权来维护。

但列宁没有认识到，生产资料公有以后，有组织的社会生产也是一种社会政治次序，始终需要国家来维护。他认为，管理只是暂时的需要。当多数人都能够管理国家以后，就没有必要再进行管理，国家就将开始消亡。

"我们不是空想主义者。我们并不'幻想'一下子就可以不要任何管理，不要任何服从""我们希望由现在的人来实行社会主义革命，而现在的人没有服从、没有监督、没有'监工和会计'是不行的。""但是，无产阶级在战胜资本家和推翻剥削者以后在全社会推行的这种'工厂'纪律，决不是我们的理想，也决不是我们的最终目的，而只是为了彻底肃清社会上资本主义剥削制造成的卑鄙丑恶现象和为了继续前进所必需的一个阶段。""当社会全体成员或者哪怕是大多数成员自己学会了管理国家，自己掌握了这个事业，对极少数资本家、想保留资本主义恶习的先生们和深深受到资本主义腐蚀的工人们'调整好'监督的时候，对任何管理的需要就开始消失。民主愈完全，它成为多余的东西的时候就愈接近。由武装工人组成的、'已经不是原来意义上的国家'的'国家'愈民主，则任何国家就会愈迅速地开始消亡。"（《国家与革命》）

列宁的这个设想并不正确。

列宁认为当时（苏联建国之初）是需要管理的，等将来多数人都学会管理以后就不需要管理的。但是，多数人都能够进行管理，不等于就不需要管理。管理不是暂时的需要，而是整个社会主义时期的需要。而且，随着人类科学技术的发展，随着社会生产力的提高，随着物质产品的不断丰富，整个社会的生产体系将越来越复杂精细，将越来越需要管理。

多数人都能进行管理，也不等于就是这些人都是管理者。在每一个时刻，都只能是一部分人在管理而另一部分人被管理。一部分人发布命令，一部分人执行命令。所有的人共同作出决定然后大家分头去执行，只能是在较小规模的和较简单的生产过程里实现。同样，大家轮流，每一个人来都担任一段时间的管理者，也只能是在较小规模的和较简单的生产过程里才可能。实际上，这也是社会主义的社会关系里的一个重要主题：由哪些人来进行"对物的管理和对生产过程的领导"。当每个人都能够成为管理者的时候，当每个人都希望会成为管理者的时候，需要政权来协调，让一部分人的管理能得到另一部分人的服从，并且要能够保证管理者们的素质和能力。全国一盘棋固然有很大优势，但如果上令不能下达，或者下棋的是臭棋篓子，后果就可能不堪设想。

因此，在整个社会主义阶段，国家政权将始终存在。国家政权除了传统的社会政治职能，还要负责公有生产资料的管理，要能保证公有生产资料管理者们的素质和能力，要协调人的社会关系使一部分人在社会生产和经济活动中服从另一部分人的管理。公有生产资料的管理者们将是国家官员。这些官员将组成管理公有生产资料的国家机构。

社会主义社会里，生产资料是公有的。但是，在社会主义社会里，生产资料却不能百分之百地公有。各个社会主义国家生产资料的所有制，实际上都是各种公有制和私有制的混合物。就中国而言，从1949年到现在，已经出现过的生产资料所有制形式，有公私合营，国有国营，地方省属市属或县属国营，街道和乡村大集体，个体工商，私营，中外合资，包括各种公有股份和私有股份的股份制，互助组，合作社，人民公社，联产承包，租赁经营，等等，等等。至于说哪个社会主义国家在哪个时期是纯粹的公有制社会，恕小子无知，不曾闻知。

从历史上看，一旦社会主义国家建立，共产党人往往就开始按照马列的蓝图，努力地试图建设一个纯粹的社会主义公有制社会。他们在初期都会取得很好的成绩，很快就使公有制占据主导地位。但接下来，为实现纯粹的公有制而做的努力，不但都没达到目的，反而无一例外地带来了灾难。这已经充分显示了，社会主义社会的生产资料所有制形式，就只能是公有制占主导的，与私有制并存的，这样一种多元混合的复杂形态。

回想一下在那狠割资本主义尾巴的年代，当一个农村大婶把自家的鸡蛋拿出去换布票的时候，私有的生活资料鸡蛋就变成了商品，而私有的生活资料鸡和喂鸡的食就成了私有的生产资料，虽然这是规模小得可怜的生产资料。列宁在苏联建国前后也发现了这种现象，农民们一不小心就会把自家的东西变成私有的生产资料，并做出了著名的论断："小农经济不断地在产生资本主义"（《马克思主义与修正主义》，1908）。实际上，不单是农村，城市里的私有生产资料也是一直存在的，比如那吹糖人的，捏面人的，卖冰糖葫芦的，切麦芽糖的，卖菜刀的，各种黑市交易的物资和资本。这些私有生产资料，规模都很小，但都非常顽强，在政府的全力抑制下仍然不断出现。另外，人们放在银行里的存款，更不要说现在人们投在股市里的投资等，通过赚取利息的方式，都具有了私有资本的性质。事实表明，在社会主义社会，私有生产资料从来没有被彻底消灭过。我们可以说，社会主义社会内部，就是应该存在私有生产资料的。

那么，为什么社会主义社会的私有生产资料会一直存在？原因就是生活资料的私有。

虽然公有生产资料占主导地位，但由于生活资料私有，这就决定了私有财产的存在，由此决定了私有生产资料的存在。因为私有的生活资料转化为私有的生产资料，或者说是私有财产转化成私有生产资料，也就是使用私有财产从事商业生产活动，是非常容易的。当这种转化有可能改善人们的生活的时候，出现这种转化就是必然的。不过，社会主义社会里的私有生产资料，在社会生产中，只能处于从属的地位。例如在中国，由于土地国有，任何私有生产资料都不可能离开公有生产资料而独立地进行生产经营。

同样地，虽然在各社会主义国家建立之初，有不少共产党人试图消灭商品，但实际上商品交换却从来没有被消灭过。生活资料的私有，也决定了社会主义社会是一个商品社会。为了获得不同的生活用品，商品交换是必须的。在相当长的一段时期里，社会主义国家的生产单位之间的物资交流是以物资调拨的方式进行的，似乎没有进行商品交换，这些生产单位似乎也没有从事商品生产。但是，个人的生活资料却主要都是靠商品交易获得的。如果把社会主义国家的工厂等生产单位理解为一个巨大的工厂中的一个组成部分，那么这个巨大的工厂仍然是在进行商品生产。

生活资料的私有，还决定了劳动的私有，人们将用付出的劳动来获取报酬。劳动力与生产资料的结合依然少不了雇佣劳动的形式。这与马列主义理论中的各尽所能，按劳分配的原则是不尽相同的。有劳动能力者不一定就能参加到社会生产中去，从过去的插队、下放，到后来的待业、下岗，这些无论怎么说都有失业的成分在里面。至于按劳分配，实际上在现实里是，不劳者不一定不获，同工者不一定同酬。付出同样的劳动，不同的人的报酬就可能是不一样的。改革开放以后，收入的差距更是越来越大。至于不以获取报酬为目的的"共产主义"式的"义务劳动"，虽然有列宁毛泽东的大力推崇，也只能是人们假日休闲的一种方式。

同时，生活资料的私有也决定了社会主义社会是一个私有社会，是一个存在私有观念的社会。马列主义实际并没有否认这一点。共产党闹革命的主旨之一就是要让人民过好日子，让人民可以拥有更多的生活资料，让人民有更多的私人的利益。但是，这一点在整个马列主义的社会主义理论中实际上是被忽略了。在当初制定社会主义制度的时候，这一点更是被忽略了。它默认共产党干部都是大公无私的，因而缺少必要的制衡机制。一旦某个官员私心发作，这个制度往往对他没有办法。毛泽东时代靠制度以外的政治运动和思想教育来压制官员的私心。但如今的中国，政治运动和思想教育都已经失去了作用。而体制里这方面的缺失也开始显现恶果，对贪官的约束非常无力。

在当今的中国，由于官员可以通过各种合法非法的手段获取更多的私人利益，所以大家都觉得生产资料的"国有"不是真正的公有。官员们在管理决策时，他们首先考虑的是他们的个人利益而不是整个社会的公共利益。而且官员们同时还有行政权力，这就使的他们可以用他们手里的行政权力来保护他们的私人利益。所以大家觉得这个国有，其实是官有，而不是公有。

如何看待这件事呢？

我觉得是这样的：现有的政府体制，使得官员在管理公有生产资料的时候，可以通过损害公有资产来谋取个人私利。这是制度不完善造成的，而不是生产资料的所有制造成的。所有制并没有改变。就好比主人请了管家，但没有立好规矩，结果管家就开始贪墨主人钱财。主人需要的是立规矩，换管家，追回被贪墨的资产，而不是怀疑自己的财产归属问题。

官员是有私有观念的，而且会为自己谋取更多的利益。所以，制度里就要对官员有制约，防止官员以权谋私。马克思恩格斯的社会主义理论里对这一点几乎没有考虑过。他们考虑更多的是针对资产阶级的而不是针对公有生产资料的管理者的。列宁在1917年认为"国家官吏的特殊'长官职能'可以并且应该立即开始、在一天之内就开始用'监工和会计'的简单职能来代替，这些职能现在只要有一般市民的水平就完全能够胜任，行使这些职能只须付给"工人工资"就完全可以了"（《国家与革命》）。但是几年以后，列宁发现很多过去的工人在成为"监工和会计"以后，就又象过去的官僚一样当起官僚老爷来了。"官僚不仅在苏维埃机关里有，在党的机关里也有"（《宁肯少些，也要好些》，1923年）。因此，列宁在晚年努力推动苏联建立和完善工农检查院来监督官员。他逝世前在多篇文章里谈到了这个问题，包括"我们怎样改组工农检查院""给代表大会的信（最后的遗嘱）"等。但列宁逝世以后，工农检查院即蜕化成了一个摆设。苏联的制度里实际上没能建立对官员的有效监督机制。斯大林是靠特务手段---国家正常体制之外的手段---来解决这个问题的。而且，斯大林的努力看起来更象是为了维护自身的权力而不是为了防止官员以权谋私。毛泽东在四清运动时做了尝试，试图建立一套类似的监督体制，用贫下中农委员会来监督农村干部（参见1963年的四清《前十条》和1965年的四清《二十三条》）。但功亏一篑。现在的中国，又在靠加强特务手段来对付贪官，而且多数贪官的落马，更象是权力斗争的失败而不仅仅是因为贪污腐化。这实在不是个好现象。

综上所述，社会主义社会的基本特征，是生产资料公有为主私有为辅，是有组织的社会化大生产，商品交换，和雇佣劳动。社会主义是一个有私有观念的社会。在社会主义的实践中，彻底否认私有生产资料、私有观念、商品交换，否定人们将用付出的劳动来获取报酬，这些就是极左的做法。在历史上，"极左"带给社会主义国家的益处远远少于它所造成的巨大的困难甚至灾难。这些极左，不是"超越了生产力发展的水平，过早地试图提前实现发达的社会主义"，而是"偏离了社会发展的自然方向，错误地试图实现社会主义设想中不符合客观现实的特征"。而另一方面，忽视官员的私心，忽视在社会主义国家制度里设立有效的对官员的监督机制，也给并且正在给社会主义制度造成严重的损害。

三． 社会主义社会的阶级

社会主义社会里是否存在阶级？

"工人阶级在发展进程中将创造一个消除了阶级和阶级对立的联合体来代替旧的资产阶级社会；从此再不会有任何原来意义的政权了，因为政权正是资产阶级社会内部阶级对立的正式表现。"
（马克思，《哲学的贫困》，1847 年。）

"无产阶级将取得国家政权，并且首先把生产资料变为国家财产。但是，这样一来它就消灭了作为无产阶级的自身，消灭了一切阶级差别和阶级对立，也消灭了作为国家的国家。"
（恩格斯，《反杜林论》，1877 年。）

也就是说，马克思和恩格斯认为，生产资料的公有，会消灭阶级差别，消灭阶级。这在逻辑上确实好象是对的：从生产资料的所有权来看，人人都是平等的，当然也就没有阶级差别了。

列宁、斯大林在社会主义建立之初，发现仍然有阶级斗争。虽然这和马克思恩格斯的理论有区别，但列宁解释说，这种阶级斗争，要么是旧社会遗留下来的，是无产阶级和不甘心财产被剥夺的资产阶级的阶级斗争，要么是其他资本主义国家的资产阶级的颠覆行动，而不是社会主义社会自身固有的。

"在无产阶级专政下，剥削者阶级，即地主和资本家阶级，还没有消失，也不可能一下子消失。剥削者已被击溃，可是还没有被消灭。他们还有国际的基础，即国际资本，他们是国际资本的一个分部。他们还部分地保留着某些生产资料，还有金钱，还有广泛的社会联系。他们反抗的劲头正由于他们的失败而增长了千百倍。管理国家、军事和经济的'艺术'，使他们具有很大很大的优势，所以他们的作用与他们在人口总数里所占的人数相比，要大得不可计量。被推翻了的剥削者反对胜利了的被剥削者的先锋队，即反对无产阶级的阶级斗争，变得无比残酷了。"

（列宁，《无产阶级专政时代的经济和政治》，1919 年。）

毛泽东也发现社会主义有阶级和阶级斗争。"官僚主义者阶级与工人阶级和贫下中农是两个尖锐对立的阶级。"（"对《陈正人同志蹲点报告》的批示"，1965 年 1 月 29 日）　"在机关中和集体经济中出现了一批贪污盗窃分子，投机倒把分子，蜕化变质分子，同地主富农分子勾结一起，为非作歹。这些分子，是新的资产阶级分子的一部分，或者是他们的同盟军。"（《中共中央关于目前农村工作中若干问题的决定（草案）》，即四清《前十条》，1963.5.20）　"作了大官了，要保护大官们的利益。他们有了好房子，有汽车，薪水高，还有服务员，比资本家还厉害。……。不知道资产阶级在哪里，就在共产党内。"（毛泽东 1975 年 10 月至 1976 年 1 月间的谈话记录）注意，这些是毛泽东对中国社会现实的观察结果，是从客观现实里发现的客观现象，而不是从任何理论出发得到的推理结论。同时，这即不是旧社会遗留下来的阶级斗争，也不是境外资本主义势力导致的，而是在新社会内部自己产生的。

但是，认为这些"大官"，这些"在机关中和集体经济中出现"的"贪污盗窃分子，投机倒把分子，蜕化变质分子"是资产阶级，那就从逻辑上说不通。他们不是使用私有财产组织生产来剥削剩余价值，难道他们也是资产阶级？毫无疑问，刘邓等为代表的一大批共产党人实际上不同意毛泽东的这个观点的。邓小平掌权后就明确地在宪法里声明中国已经不存在资产阶级以及其他剥削阶级。

可是，如果他们不是资产阶级，又是什么呢？关键地是，他们的出现是一种现实存在，从辩证唯物主义的立场上，是不能否认他们的存在的，是不能否认他们的出现的。毛泽东在50年代、60年代发现了他们的出现和存在，而如今，全世界的人都在中国看得到他们的不断出现和存在。这批人，这批贪官污吏腐化堕落分子，和人民群众怎么看都是两个不同的阶级。而且这批人显然对社会是有危害的，是应该被铲除的。特别在当前的中国，反腐败实际上已经是关系到整个国家的社会稳定的头等大事。

但是，和资本家不同的是，贪官们是利用对公有生产资料的管理地位来谋取个人私利。毛泽东认为这些人就是资产阶级，而刘少奇邓小平则否认这些人是资产阶级，两种观点谁也说服不了谁。这是文革斗争的一个重要焦点。

邓小平上台后，采取了专心经济建设，不争论意识形态的做法。人们暂时绕开了这个问题。但同时也在实际上对贪官们放任不管，结果现在贪官泛滥成灾。这就使得我们不得不再次面临这个问题。我们必须研究清楚社会主义产生贪官的原因是什么。只有这样才能对症下药，从根本上解决腐败问题。

那么，问题的症结在哪里呢？到底社会主义社会里的贪官们是否属于资产阶级呢？

问题的关键，就是马列主义忽略了一个重要的事实：管理者和劳动者的区别。虽然生产资料公有了，在所有权上人人平等，但是管理者和劳动者还是有区别的。

这是生产力水平决定的。是生产资料的质和量的水平决定的。社会主义社会的生产资料还没有多到任何人都可以管理一批生产资料从事生产的地步。也没有发达到一个人就可以在没有他人协作的情况下来完成任何一个生产过程的程度。这就决定了在社会主义社会，社会生产里分工协作的存在。既有不同行业部门单位的分工协作，也有同一生产单位内部不同人员的分工协作。也就决定了管理者和被管理者的存在。虽然在所有权上人人平等，但在管理权上，人与人是不平等的。而这种不平等，也决定了社会主义社会是一个阶级社会。

"所谓阶级，就是这样一些大的集团，这些集团在历史上一定的社会生产体系中所处的地位不同，对生产资料的占有关系（这种关系大部分是在法律上明文规定了的）不同，在社会劳动组织中所起的作用不同，因而领得自己所支配的那份社会财富的方式和多寡不同也不同。所谓阶级，就是这样一些集团，由于它们在一定社会经济结构中所处的地位不同，其中一个集团能够占有另一个集团的劳动。"

（列宁，《伟大的创举》，1919年。）

这里面，首先是三个不同："这些集团在历史上一定的社会生产体系中所处的地位不同，对生产资料的占有关系（这种关系大部分是在法律上明文规定了的）不同，在社会劳动组织中所起的作用不同"，然后，"因而领得自己所支配的那份社会财富的方式和多寡不同也不同。"，最后，结论是"所谓阶级，就是这样一些集团，由于它们在一定社会经济结构中所处的地位不同，其中一个集团能够占有另一个集团的劳动。"

那么，社会主义社会里，按三个不同来划分，可以有什么样的不同集团呢？如果只看"对生产资料的占有关系不同"，那么，至少是在六七十年代，是看不出什么不同来的。但这样显然是不全面的。而如果同时考察三个方面，那么"公有生产资料的控制管理者"和"劳动群众"就是两个不同集团。

那么，这样两个集团是不是两个阶级呐？我们继续往下看，"因而领得自己所支配的那份社会财富的方式和多寡不同也不同。"现实如何呢？这两个集团的收入是否在方式和多寡上不同呢？

这个问题，从现实看，应该没有任何疑问。无论是毛泽东时代还是现在的中国，无论是苏联前东欧还是朝鲜古巴越南，这个答案都是一样的：当官的和老百姓，其收入的方式和多寡都是不同的。而从逻辑上看，一方面是官员在公有生产资料管理上的地位使得他们可以得到更多的个人利益，另一方面是生活资料私有决定了官员们是有个人利益的，是有私有观念的。也许某些官员的私心很少，但彻底无私的人，就算有，也只能是麟毛凤角。官员的社会地位和个人私心，就必然导致官员们将得到更多的社会财富。官民一致同甘共苦在某些特别的时期和地区内是可能的，但绝不可能长期地、大范围地维持。

好了，现在是否可以有一个社会主义社会里阶级划分的结论了呢？

社会主义社会有三个阶级：官员，资本家，群众。

官员，或者说是领导干部，是公有生产资料的控制者，同时也是公有经济体系中生产利润分配方案的制定者，是社会主义社会的统治阶级。不妨称之为官员阶级，领导阶级，官僚阶级，领导干部或实权干部阶级。

资本家，是拥有私有生产资料，以之从事社会经济活动，并依靠其收入为生的人。不妨仍称其为资产阶级。但社会主义社会里的资产阶级不是统治阶级。

群众，基本不拥有私有生产资料，也不是公有生产资料的控制者，通过付出劳动的方式参加到社会经济活动中，依靠劳动所得为生。他们包括农民、农民工、工人、大多数知识分子和一般党政职员（即所谓的一般干部或公务员）。也可以称为是人民阶级，劳动人民阶级。他们的社会地位类似于资本主义社会里的无产阶级。

官员阶级，群众阶级，和资产阶级这样三个阶级，是社会主义社会固有的阶级，而不是从资本主义社会遗留下来的阶级。其中的官员和群众两个阶级是社会主义的主要阶级，在整个社会主义的历史阶段里将一直存在。而资产阶级的存在则取决于社会主义国家的具体政策。比如中国的毛泽东时代就没有资产阶级，而从邓小平时代开始就有资产阶级。

在中国，人们习惯于把一般党政职员称为干部而不是群众。但实际上这些干部与那些掌权的领导干部是不同的。一个处级办事员和一个县长明显是不同的。这些一般干部实际上和工人农民处于同一阶级，都不是生产资料的控制者。这些干部与其说是干部还不如说是职员。由农民、农民工、工人、大多数知识分子和一般党政职员组成的这个阶级，其大多数都是人们通常所说的群众，所以本文把这个阶级叫做群众阶级。

可能有人会说农民、农民工、工人、大多数知识分子和一般党政职员怎么成了一个阶级？工人和农民不是两个不同的阶级吗？而知识分子似乎就是所谓的小资产阶级吧？是的，建国以来人们一直是这样划分阶级的，一直认为工人是一个阶级，农民是另外一个阶级，小资产阶级又是一个阶级。但实际呢？如果从人们在社会生产体系中所处的地位、与生产资料的关系、以及在社会劳动组织中所起的作用来看，在社会主义社会里，工人、农民、大多数知识分子和一般党政职员就是一个阶级的。他们是不同阶级的情况，是解放前的事情。比如那时的农民中，除了雇农，其他的富农、中农、贫农都或多或少地有自己的土地。但在社会主义改造完成以后，农民不再拥有私有土地。而在改革开放后出现的农民工，实际上就是出生在农村的工人。

还有人可能认为官员本身不构成一个阶级。是否为官不能作为阶级划分的标准。这种观点是片面的：是否为官确实不能作为阶级划分的标准，但是官员却可能构成一个阶级。在社会主义社会，官员恰好就是公有生产资料的控制管理者，所以他们就构成了一个阶级。官员构成了阶级的原因是因为他们是公有生产资料的控制管理者，而不是因为他们是官员。

至于知识分子，是不能将他们单独看成一个阶级的。划分阶级的标准从来就不能是一个人的知识的多少。旧社会，知识分子往往出身于那些拥有小规模的私有生产资料的家庭，所以知识分子和小资产阶级才被混为一谈。但实际上这两者并不相同。小资产阶级占有少量生产资料并以之组织和从事生产，但其生产规模不足以实现扩大再生产。比如自耕农、小手工业者、小商人等。而到了社会主义社会，绝大多数知识分子都不拥有私人的生产资料。那些没有实权官职的一般知识分子，其实是群众阶级中的一部分，是群众阶级中掌握了较多文化、能够独立思考的一部分。把知识分子划为"小资产阶级"，实质上就封住了群众的喉咙。

当一个社会进入社会主义社会的时候，整个社会的阶级关系和每个人的阶级从属，都将发生巨大的变化。以往的阶级划分，将被官员阶级，群众阶级，和资产阶级所取代。每一个人，无论过去是哪个阶级的，工人阶级，农民阶级，资产阶级，地主阶级或小资产阶级，在社会主义制度确立以后，都成为三个阶级中某个阶级的一员。过去的劳苦大众和革命者们分化成为官员阶级和群众阶级两大阶级。而事实上，过去的共产党员们也分化了：一部分是群众，一部分是官员；一部分以群众的利益为最高利益，一部分以官员的利益为最高利益。共产党的干部成了官员阶级的主体。革命军队的战士们、过去的无产阶级、贫下中农阶级和小资产阶级等，组成了群众阶级的主体。社会主义社会的群众阶级是资本主义社会里的无产阶级的直接继承者。

在官员的经营管理下，公有生产资料和劳动群众相结合，进行社会化商业生产，就是社会主义社会的生产方式。

在社会主义社会里，任何一个人，无论他是官员，资本家，还是群众，都是公有生产资料的所有者之一。这是与资本主义社会完全不同的。

社会主义社会的阶级划分，是一种动态的阶级划分。群众可以变领导，领导可以变群众，任何人都可能变成资本家。除了开国元勋们和在岗位上意外光荣的，没人能终身担任领导。人们可以从一个阶级变成另一个阶级，而且不断地有人从一个阶级变成另一个阶级。这里不是说其他社会制度就没有阶级之间的流动，但在社会主义社会里，不同阶级的流动比其他社会制度要频繁得多。官员是公有生产资料的掌控者。公有生产资料的公有性质，决定了在竞争官职、推选官员、罢免官员这几个方面人人都是平等的。因此阶级之间的流动，特别是官员阶级和群众阶级之间的流动，在社会主义社会是天经地义的。一方面是，任何人都有成为公有生产资料掌控者的可能，另一方面是，任何官员也都有失去官职成为群众的可能。在采取了干部离退休制度和干部任期制度后，原则上任何官员都会在有生之年失去官职成为群众。

在以往的阶级社会里，一个人的阶级从属，多半取决于其血缘出生，取决于私有财产的继承。但在社会主义社会里，由出生决定阶级从属的惯例被打破。通过私有财产的继承，一个人最多成为资本家，却还不足以成为领导干部，不足以成为统治阶级的一员。一个人只有在成年以后，在一定的条件下，诸如通过考核、得到现有领导赏识、得到群众支持等等，才可能成为官员。社会主义社会里产生官员的社会原则，是与血缘无关的。虽然很多官员通过各种手段，给自己的子女安排职位，但这种安排是违背社会道德和法律制度的。资本主义社会产生官员的社会原则，也是与血缘无关的。但在资本主义社会，统治阶级是资产阶级而不是官员，官员是无法控制生产资料的运行的。

由于马列理论的影响，一直以来人们都不能正确地按客观事实来理解社会主义社会的阶级问题。没有意识到社会主义社会阶级划分的新特点，也没有意识到社会主义制度建立过程中产生的巨大的阶级变化。因为马列都明确表示社会主义生产关系本身将消灭而不是产生阶级差别和阶级。毛泽东在干群矛盾中看到了一个鱼肉百姓的统治阶级的实际存在，他也认为这个阶级不是由社会主义生产关系产生的，所以他认为这个统治阶级就是旧社会的遗留物，是资产阶级在共产党内的代理人，是受到资产阶级思想腐蚀的意志薄弱者。"不知道资产阶级在哪里，就在共产党内"，要"打倒走资派"。但刘少奇却认为，在完成了农村土改和城镇工商业的社会主义改造以后，从生产资料所有权的角度来看，干部群众都是相同的，大家都是无产者，哪里还有剥削阶级呢？实际上，他们两个都没有看到问题的全部。当社会主义制度建立起来以后，旧的生产关系就被社会主义生产关系所代替，旧的阶级划分已经不再存在，取而代之的是新的阶级划分。对马列主义的绝对认可，使得以毛泽东和刘少奇为代表的共产党人无法相信社会主义生产关系本身会产生阶级。没有看到干群矛盾是社会主义社会自身固有的阶级矛盾。毛泽东不惜"砸烂公检法"，"踢开党委闹革命"，要打倒走资派，要把"无产阶级的继续革命进行到底"，要彻底消灭资产阶级。刘少奇心里不承认社会主义社会还有剥削阶级，更加不承认党内官员里有资产阶级的代理人。在他的眼里，不拥有生产资料的官员们就是无产阶级的先锋队。在毛泽东强调社会主义社会存在阶级斗争的时候，刘少奇觉得似乎只有那些旧社会的剥削阶级分子和少数的私有生产资料的拥有者可以被称为资产阶级。于是在四清和文革初期，"地富反坏右"成了首当其冲的牺牲品。但紧接着，刘少奇就被冠之为"打着红旗反红旗"、"挑动群众斗群众"、"转移斗争大方向"的"叛徒工贼"、"中国头号走资派"，从此万劫不复。而各级走资派们也被造反派赶到牛棚里去了。

但是，社会主义社会确实是一个阶级社会，是一个以官员阶级为统治阶级的阶级社会。马列想象中的没有阶级没有剥削没有压迫的社会制度从来就没有出现过。当文革用造反派代替了走资派，用革委会代替了党委和政府以后，一个统治阶级再次出现。毛泽东对此的看法就是资产阶级思想将在社会主义长期存在。在资产阶级思想的影响下，会有官员"变修"，会导致走资派的不断出现。无产阶级必须不断地进行革命来打倒走资派。这就是毛泽东著名的"无产阶级专政下继续革命"的理论。从69年以后，毛泽东坚持要"把无产阶级文化大革命进行到底"，实际上就是在等待时机再次发动群众造反夺权打倒党内的走资派。同时，毛泽东期望建立一种能防止官员变修的国家体制。但他却没有一个明确的解决方案。他强调"不破不立，破字当头，立在其中"，强调要支持群众的新生事物，实际上就反映了他的这种期望。他期望群众能发现彻底消灭资产阶级的道路。终其一生，他都没想过来，社会主义社会其实也是阶级社会。他要消灭的"混进党内的资产阶级"实际上是官员阶级的一部分，是官员阶级中那些嚣张贪婪私欲横流的人。而这些人的私心，其实也不是受资产阶级思想影响，而是由生活资料私有决定的。只要生活资料私有，"狠斗私字一闪念"是斗不掉人的私心的。

列宁在晚年也发现了苏联有这样一批嚣张贪婪私欲横流的官员。列宁称这些官员是官僚。虽然在《国家与革命》里列宁曾经断言社会主义的国家机关里不会有官僚出现，但在晚年的著作《宁肯少些，但要好些》里，他表示党和政府里都有官僚。托洛茨基则认为在苏联的国家制度里，官员全体组成了一个阶层而不是阶级，因为他们不占有私人生产资料。他称这个阶层为官僚阶层，称苏联是畸型工人国家。工人阶级应该继续革命打倒这个特权官僚阶层，实现以工人民主为基础真正的社会主义。而南斯拉夫的吉拉斯在《新阶级 -

共产主义制度的分析》（1956）中分析了南斯拉夫和苏联社会，认为产生了一个"新阶级"在对社会的每个角落进行"政治统治"。他认为苏联式社会制度要么崩溃回复到资本主义，要么爆发社会革命而实现真正的社会主义 - 他成功地预言了苏联的解体。只是，无论是托洛茨基还是吉拉斯的"真正的社会主义"都没有跳出马克思的框架：一个没有阶级差别的社会。最后，在列宁、托洛茨基、吉拉夫、毛泽东等人的思考里，都没有考虑在进入社会主义社会后，广大劳动人民的阶级情况的变化。他们认为无产阶级还是无产阶级。

在如今的中国，关于阶级问题，当权者们，也就是官员阶级，则是采取两种观点。一派是右派的"全民国家"理论，在宣布中国已经消灭了旧的剥削阶级的同时，否认阶级斗争，实质上是掩盖官员阶级压迫群众阶级的事实。而官员阶级左派的"无产阶级和资产阶级的阶级斗争"理论，虽然曾经是民众造官员阶级的反的理论武器，但现在实际上是官员阶级打击要求民主的群众阶级的理论武器。谁要求民主，谁就被戴上资产阶级自由化的帽子，受到打击迫害。

但实际情况是，社会主义社会就是应该有官员阶级的。社会主义需要的，一方面是要承认和正视官员阶级的存在和地位，另一方面是应该能让群众对官员的权力有一个制衡，使双方的利益能够达到平衡，一种可以使社会主义社会健康稳定地发展的平衡。毛泽东意图打倒的走资派就是那些破坏了这个平衡的官员。毛泽东提倡"大鸣大放大字报大辩论" 和"造反有理"，实际上已经赋予了群众制衡官员的手段。"造反"固然可以是暴烈的革命手段，但只要设定一些规则，避免其过于激烈，就可以在不引起社会动荡的情况下，成为监督官员的一个有力手段。不能因为害怕造反的动荡就干脆禁止造反，就彻底剥夺群众造反的权力。连西方资本主义国家的政治体制里，都有"弹劾"一说。"弹劾"就是一种"温和的造反"。

四．剩余价值与剥削问题

在马列毛的设想中，社会主义社会是一个没有剥削的社会。那么，在现实的社会主义社会里，是否存在剥削呢？

在资本主义社会，所谓的剥削，是指资本家占有剩余价值。在资本主义社会，雇佣劳动者只能得到工资。而剩余价值，也就是利润，是按照拥有资本的比例进行分配的。

在社会主义社会里，拿出任何一个经济单位来进行观察，就会发现其生产的组织方式，生产资料与劳动力的结合，原料的购买，产品的销售，利润与剩余价值的产生和分配，与资本主义社会全无二致。

如前所述，社会主义社会里存在着私有生产资料，社会主义社会内部，包括了一部分私有制的经济单位。属于这部分的经济单位，其剩余价值的分配，与资本主义社会几乎完全一样，资本家将占有剩余价值，也就是说，剩余价值是按照资本进行分配的。

社会主义社会里的主流是公有生产资料。在一个公有制的经济单位里，雇佣劳动者们付出劳动，得到工资。而这个经济单位，在除去成本和付出工资后，同在资本主义社会里一样，将获得利润，获得剩余价值。这些剩余价值，将归谁所有呢？将归公家所有。具体地说，将归国家，归省市，归乡镇，取决于生产资料是由哪个部门管理。因此，在公有制的经济单位里，公有生产资料实际上也是一种资本，是以获取利润为目的的生产资料，不妨称之为公有资本。而剩余价值仍然是按照资本进行分配的。

但是，在公有制经济单位里，剩余价值不是完全按资本来分配的。官员们会通过各种方式得到更多的收入，从等级工资制，高干们的特供，到现在各级领导们五花八门的津贴补助，以及公款消费，贪污腐败，不一而足。官员的权力越大，给自己捞得就越多。因此，官员们凭借手中的权力，凭借着他们对公有生产资料的控制地位，参与到了剩余价值的分配中。简单地说，就是剩余价值是按照资本与权力同时进行分配的。

在社会主义社会里，除了纯粹的公有制和私有制经济单位，还有很多公私混合的经济单位。这些单位里的剩余价值分配，也是按照资本与权力同时进行分配的，既公有资本，私有资本，以及有关官员的权力，共同决定剩余价值的分配比例。

就中国而言，由于土地国有，因此真正的纯私有制经济单位并不存在。国有资本以收取土地使用费用的方式，参与到了几乎一切经济单位的剩余价值分配中。国家的税收，也同样地参与到了一切经济单位的剩余价值分配中。

另外，官员们的权力事实上也参与了那些私有制经济单位的剩余价值的分配。税收是官员工资的一个来源，而回扣和收受贿赂则是另外两个重要方式（希望有一天这两种方式会消失）。

再来看一下"租赁"的问题。社会主义社会里，可以有人以租赁的方式向国家承租生产资料。这里有两种情况。

一种情况包括农民的联产承包和城镇小零售商店的承包。承租人本人是劳动者，在上交一部分承包费用和利税后，剩余的收入归承租人所有。这些承租人的收入，是他们个人劳动所得。他们的阶级归属，应该属于群众阶级。上交的承包费用和利税，属于按公有生产资料分配的剩余价值。

另一种情况是承租人用租来的生产资料，或者从公有银行得到的贷款，雇佣其他人从事生产经营。承租人本人是经营的组织决策者。在上交一部分承包费用和利税，并付给被雇佣者工资后，剩余的收入归承租者所有。这些承租人的收入，就属于剩余价值。而承租者，或者贷款者，实际就都属于资本家阶级。他们借贷得到的生产资料或资本都是他们获取剩余价值的依据。也就是说，在生产经营这个范围里看，他们借贷得到的资本都是为他们服务的，其性质，都是私有资本。他们和国家之间，他们要向国家交付承包费用或者贷款利息，也就是说在他们和国家之间有一个剩余价值的再分配，剩余价值的一部分要交给国家。

中国改革开放之初，计划经济正处于困境之中。虽然都知道计划经济玩不转了，但大家又都说不清到底该怎么办。于是就有了这样的情况：由承包人来承包，随便他怎么干，只要能有利润就好。干好了，大家都过好日子，承包人当然也是致富了。干不好，是承包人的责任，体制内的上上下下都没错误，生产资料收回，重新再想办法。也就是说，这些第一批承包人，就是第一批扎猛子下河摸石头的人。他们当中既有承包农村乡镇企业的人，也有承包城市小型企业商业部门的人。非常幸运地是，他们基本上都摸到了金块，也为社会主义摸出了通往市场经济的道路。因为这些承包者们不约而同地采取了一个共同的经营方式：市场需要什么就生产什么，市场缺什么就生产什么，什么东西卖得掉就生产什么 --- 这其实就是市场经济的不二法门。这些人也就成了先富起来的一批人，成了社会主义社会里的资产阶级。

总而言之，在社会主义社会里，剩余价值是按照资本与权力同时进行分配的。社会主义社会是存在剥削的，是官员和资本家剥削了群众。官员和资本家是剥削阶级，群众是被剥削阶级。但是，与资本主义社会不同的是，剥削阶级只得到了一部分剩余价值。由于公有生产资料占主导地位，而剩余价值主要还是按资本分配，所以大部分的剩余价值被公有生产资料得到。另外，社会主义国家可以通过调整税率，包括遗产税，来调整整个社会的私人资本的比例。整个社会的公有生产资料实质上就是全体人民劳动的剩余价值的积累，是全体人民的劳动果实，也是社会主义社会的物质基础。

五． 社会主义社会的基本矛盾

社会主义社会的基本矛盾，是生产资料的公有与生活资料的私有的矛盾。

公有的生产资料代表着公共的利益，而私有的生活资料代表着个人的利益。这两者之间，是既相互依存，又相互对立的关系。

私有生活资料是公有生产资料存在的基础。如果公有生产资料的存在不能保证人们的基本生活资料，那么公有生产资料就失去了存在的意义。公有生产资料是私有生活资料的保障。公有生产资料的运行，社会主义社会的经济发展，是社会主义社会里人们生活的根本保障，特别是群众阶级的根本保障。苏联解体后的那几年，生活水平下降，死亡率上升。但是，只是群众阶级的生活水平下降和死亡率上升了。瓜分了公有生产资料的领导官员和资本家们的生活水平一点也没有下降，反而过得更加滋润了。所谓的长痛短痛，这些大爷们是一点也不痛的，痛的是人民群众。这也从一个侧面说明了，公有生产资料是广大人民群众的私有生活资料的保障。

社会主义社会里生产资料公有与生活资料私有的矛盾，表现在很多不同的方面，比如集体与个人的矛盾，中央与地方的矛盾，沿海与内地的矛盾，电老虎与用电单位的矛盾，中国电信与用户的矛盾，城管与小贩的矛盾，等等等等。分析社会主义社会里的各种社会矛盾、社会问题，都会发现生产资料公有与生活资料私有的矛盾。可以说，在社会主义社会里，各种社会矛盾社会问题都是这个基本矛盾的表现形式。

当初在大锅饭的环境下，生产效率每况愈下。为什么会这样呢？因为站在私有劳动力和私有生活资料的立场，同样的收入，付出的劳动越少，效率越高。这样一来，从公有生产资料的立场来看，就是效率低下。这是一个集体与个人的矛盾。在这个矛盾里，公有生产资料代表的是全体人民的利益，代表的是集体的利益。而企业内部职工，其行为代表的是其个人的利益。要注意的是，这样的问题，依靠企业内部的职代会或工会，往往是不能够解决的。因为职代会或工会所代表的，往往只是本企业的全体职工的利益，而不是全体人民的利益，当然也不能代表公有生产资料的利益。虽然企业内部全体职工的利益和全体人民的利益很多时候是一致的，但这两种并不相同。企业内部全体职工只是全体人民的一部分。改革开放以后，采取了一系列资本主义社会里已经相当成熟的管理模式和薪酬模式，奖勤罚懒，打破了大锅饭，个人收益与劳动效率挂钩，这个问题就基本得到了解决。这个问题的解决，实际上是通过规章制度和官员对职工的管理来实现的。这个规章制度就反映了公有生产资料的利益，反映了全体人民的利益。执行这个规章制度的官员则是代表了全体人民的利益。但问题还没有完全解决。规章制度必须有人来执行。当官员执行不力的时候，制度就无法正常发挥作用。比如官员一心贪腐时，既所谓上梁不正下梁歪时。又比如领导软弱无力或企业内部工人过于强势时。

再比如公有企业领导，有不少不能踏实投身于企业经营，而是会热衷于跑官、虚假政绩、公款消费、或者贪污受贿。为什么呢？因为企业的发展只带来公有财产的增长，升官、公款消费、或者贪污受贿却能让领导得到更多个人收入。这又是一个集体与个人的矛盾。这个问题改革开放以来日益严重。在这个矛盾里，官员谋取了过多的利益。而受损害的，是公有生产资料，是全体人民的利益。要阻止官员对公有生产资料的损害，就必须由人民来制衡官员。本厂职工，作为全体人民的一部分，毫无疑问是制衡官员的一个力量。但是，光靠这个力量是不够的。由于在企业内部，领导和职工的管理与被管理的关系，使得本厂职工对企业领导的制衡只能是非常有限的。对于"刺头"的职工，企业领导既可以利用职权压制，也可以利用小恩小惠收买。只有在领导做的实在过分，使得大多数职工都决定对抗领导，这时候职工的力量才可能对领导有所制衡。另一个能够制衡企业领导的就是上级部门。但是上级往往代表的也是官员的利益，和企业领导官官相护。那么，这个问题到底能不能够解决呢？

公有制企业的经营管理是社会主义的一个重要问题。这个问题有两个方面：公有资产的经营效率和官员的腐败。其本质就是生产资料公有与生活资料私有的矛盾。解决这个问题的关键根本上就是要解决好生产资料公有与生活资料私有的矛盾，解决好企业干部、企业职工和公有生产资料三个方面的对立统一。其中公有生产资料对应的是全体人民的利益。这里全体人民的范围，取决于企业公有生产资料的归属。比如县属企业，全体人民就是全县人民。省属企业，全体人民就是全省人民。企业干部、企业职工、全体人民，这三者之间的利益关系理顺了，企业才能顺利发展。

如前所述，如果侧重于本厂职工的利益，那么就会有劳动效率降低和劳动成本上升的问题；如果侧重于厂领导，就会有以权谋私、瞎指挥、跑官等问题。当企业领导或企业职工得到过多的利益的时候，公有生产资料代表的全体人民的利益就会受到损害。必须在企业的经营管理中兼顾全体人民的利益。要做到这一点，需要几方面的保证。一是企业的规章制度的制定要体现全体人民的意志；二是全体人民要赋予和保证企业领导执行规章制度的权力；三是全体人民要能够知道企业是如何经营的；四是全体人民要对企业领导有任免权。

有了这四条，对官员的监督，就由本厂职工和上级官员扩大为全体人民。本厂职工对企业领导的合理意见，将得到全体人民的支持，从而得到力量。上级官员也不敢明目张胆地官官相护。这四条缺一不可。其中，全体人民的知情权是基础。如果企业的决策完全是属于"内幕"，人民对之一无所知，人民自然也就不可能有任何办法来维护公有生产资料。全体人民对官员的任免权是保障。只有当人民手里有真正的权力的时候，官员才可能真正是人民公仆，人民才能真正地当家作主。

在没有互联网的时代，全体人民的知情实际上是不现实的，其成本过于高昂。但现在的互联网技术，已经使得其实现非常容易。换句话说，生产力的发展，科学技术的发展，已经有了解决公有制企业的经营管理问题的物质基础。如今解决这个问题的唯一障碍就是官员的既得利益。相信在全体中国人民的努力斗争下，彻底解决这个问题的那一天很快就会到来。

上面两类集体与个人的矛盾，往往都表现为干部和群众的矛盾。在前一种情况，干部代表着集体的利益，而在后者，则是干部在损害集体的利益。

上面两类集体与个人的矛盾，实际上是一个矛盾的两个表现。是在不同的条件下，公有生产资料、干部、和工人三者之间的矛盾的表现。公有生产资料是某个范围的全体人民的利益。这个范围的全体人民，就是集体。而干部、工人是不同的个人。他们同时又都是集体的一份子。这是一种整体和局部的矛盾。其他如中央与地方的矛盾，各种上级单位与下级单位的矛盾，也都是整体和局部的矛盾。

这个整体，代表的是较大范围里的个人利益的总和。需要注意的是，这个整体，应该是由较大单位的公有生产资料代表的，而不是较大单位本身。单位或企业，是经济实体，但不是利益主体。什么是利益?当然是人的利益。个人的利益，或某个群体的利益。所谓企业利益，其实应该是企业的生产资料的主人的利益。好比县属企业，企业的利益就是全县人民的利益。现在习惯用"法人"来表示企业，企业领导为"法人代表"。对此，必须认识到，"法人代表"是受人民任命管理企业的经理人员。"法人代表"的个人利益是其工资。而其工作必须是为了人民的利益。当"法人代表"在工作中损害人民利益的时候，他就是犯下了错误和罪行。

与整体相对立的局部，代表的是较小范围内的一部分个人的个人利益的总和。局部利益，很多时候也是一种集体的利益，而不单单是孤立的个人的利益。比如某单位全体工人是一个集体，某单位全体干部是一个集体，某个大公司的子公司的全体干部职工也是一个集体。另外，矛盾的各个方面，多数情况下也是多个而不是简单的两个。在不同的条件下，矛盾会表现为某些不同方面的冲突。但是其他方面始终是存在的。

顺便提一句，"矛盾"是指若干方面组成的对立统一体的运动发展的一种内在规律。不同方面可能发生冲突，但也有合作。冲突是由合作导致的，也终止于合作，除非这个对立统一体的本质变化了——但那时合作和冲突又由新的各个方面继续下去。但同时，合作又是由冲突来实现的，没有冲突就没有合作。总而言之，就是矛盾的各个方面既相互对立，又相互依存。

除了整体与局部的矛盾，还有互不统属的集体之间的矛盾。比如沿海与内地的矛盾，城市与农村的矛盾，西部地区与中部地区的矛盾，发达地区与老少边穷地区的矛盾。在资本主义社会里，类似的矛盾也是存在的。但是在社会主义社会里，这类矛盾却有一个很重要的特点。在出现了矛盾的不同群体之上，总有一个更大的集体。矛盾双方经营的公有生产资料，都将受这个更大集体经营的公有生产资料的制约。从这更大集体的角度来看，矛盾双方都是局部。因此，不妨把这类矛盾称为局部与局部的矛盾。

毛泽东虽然没有确定社会主义社会的基本矛盾，但在1956年已经了解了社会主义社会里各种整体与局部、局部与局部的矛盾的存在，并在《论十大关系》里做了仔细的讨论。

下面再来看看城管与小贩的矛盾。城市的土地道路设施等公共场所，属于公有财产。政府是公共场所的管理者，要求小贩到指定地点交纳指定费用后才能从事买卖，这里面既有维护公共场所的需要，也有管理者自身的个人利益。小贩谋取的当然是个人的利益，但同时也为市民的生活提供了方便。而且认为作为公有生产资料的所有者之一，在公共场所从事商业活动是自己的权力（估计大多数中国人认可这种权力），不愿交费。于是双方就产生了矛盾。在这个矛盾里，有着公有财产和个人利益的混合效应。中国现在的法律，似乎还讲不清该如何裁判这类矛盾，警察也无法出面解决这类矛盾。结果这个矛盾就导致了城管的出现。而且由于城管本身也会谋取自身利益，使这个矛盾更加复杂。而由于城管的"执法"名不正言不顺，他们往往得使用没有法律依据的暴力完成他们的使命。如果那一天小贩和市民也采取暴力来对抗城管，那么一场社会动荡就少不了了。类似地，电老虎与用电单位的矛盾，中国电信与用户的矛盾，市政建设建筑单位与拆迁户的矛盾，也都是公有财产和个人利益的混合效应。这种类型的矛盾，在资本主义国家是不存在的。他们的土地、电力设施、电信设施等等都是私有的。谁要用，一得主人同意，二得按其要求交钱，如果嫌贵，就不要用。规则十分简单。他们没有这种管理者和要求使用者双方都是所有者的情况。

社会主义社会里，依然存在私有生产资料。因此，生产的社会化和生产资料的私有之间的矛盾依然存在。但相较生产资料公有和生活资料私有的矛盾，生产社会化和生产资料私有之间的矛盾是次要矛盾。这是因为私有生产资料在社会主义社会不占主导地位，而且社会主义社会里私有生产资料不能脱离公有生产资料独立地组织生产。

在社会主义社会里，基于社会主义社会的基本矛盾，有着集体与个人、整体与局部、局部与局部等等各种各样的矛盾。当这些矛盾出现的时候，矛盾涉及的人群就必须面对矛盾、设法解决矛盾。如果矛盾解决了，当然皆大欢喜。如果有矛盾没有解决，而且社会上这种没有解决的矛盾被积累起来，超过某个限度的时候，就会在社会主义社会引起政治危机。就拿中国而言，自49年建国以来，我们已经经历了57年反右、64年社教与四清、文革之66年造反夺权、文革之71年林彪身亡、文革之75年反击右倾翻案风、76年打倒四人帮、78年真理标准大讨论、85年反对资产阶级自由化、89年六四事件等一系列政治危机。而在苏联，91年的危机直接导致了苏联的解体。

在资本主义社会，上述集体与个人、整体与局部、局部与局部等等各种各样的矛盾也是存在的，但是其表现形式和解决方法却完全不同。在资本主义社会，人们往往不是直接面对这些问题，而是把这些问题交给市场。因此这些问题多数都不是直接地显露出来，而是隐藏在市场的变化之中。解决的办法就是让市场维持运行，由市场规律来自动解决问题。虽然事实证明这是一个有效的方法，但市场的调节能力是有限的。当各种矛盾超过了市场的调节能力的时候，就会产生经济危机。在资本主义社会，经济危机是不可避免的、周期发生的。对此，马克思以及其后的很多经济学家，已经有了相当透彻精辟的分析和研究。而资本主义的历史也证明了这一点。

在社会主义社会，所有这些矛盾都浮出了水面。人们要实实在在地面对、控制、和设法解决这些矛盾。这就使社会主义社会有了避免经济危机的能力。但是，社会主义社会发生政治危机的可能却增大了，而且政治危机很可能引发严重的经济困难。比如苏联大清洗导致30年代的大饥荒，中国反右最终导致三年困难时期。只不过社会主义社会政治危机不是周期发生的。这里有两种不同的情况，一种是相当灵活的社会主义制度，随着社会主义社会生产力的发展，不断地调节自身的社会制度，不断地从以往的政治危机中吸取经验教训。其避免矛盾和解决矛盾的能力越来越强。因此政治危机的频率和强度都越来越低，社会主义社会自身则在这个过程中不断发展不断完善。另一种是僵化的社会主义制度，不能适应生产力发展带来的变化，不能从以往的政治危机中吸取经验教训，最终矛盾无法解决而导致垮台。

六. 社会主义社会的经济运行模式

最先出现的公有生产资料运行方式是计划经济模式。所谓计划经济，是由计划部门预先制订计划，然后各个经济单位按计划进行自身的经济行动，企业按计划指令进行生产，原料按计划调拨，产品按计划供应。计划经济是苏联创造的公有生产资料经营管理方式，是根据马克思关于社会主义社会"生产有计划进行"的设想而建立起来的。其实质，就是把整个国家的经济单位统一成了一个大公司。从苏联中国等社会主义国家的历史实践中，人们已经清楚的知道了它的各种特点。

计划经济的特点：

1. 可以在一个经济崩溃的国家里快速有效地恢复经济次序，同时还能保障底层民众的基本生活。比如中国49-55年间，不仅很快恢复了经济元气，还能够支撑国家进行抗美援朝战争。

2. 可以在一个不完全工业化的国家里很快地建立起现代工业体系。无论是苏联还是中国，现代工业体系的建立都是相当快的。事实上，中国在49-76年间，不仅仅是简单地在物质硬件上建立了基础的工业化体系，还在社会生活方式、普及教育、公共医疗卫生等各个方面，全方位地奠定了现代化的基础。

3. 计划必须要有先验的知识。当初可以计划产多少钢、多少粮，却不可能计划建出个互联网来。在建国初期，国家落后的时候，可以参照发达国家进行计划。但随着经济的发展，可参照的样版越来越少，可以计划的东西也越来越少。中国和苏联都差不多都在80年代开始改革计划经济，当然有各方面的因素，但无可计划是一个重要因素。邓小平提出了的摸石头过河的策略，使中国走上了社会主义市场经济的道路。而叶利钦干脆放弃了社会主义，致使苏联崩溃于一旦。

4. 计划细节只能是粗糙的，由此造成物资品种的单调。在经济落后时这不是问题，但等到经济发达时，这种单调的物资结构将阻碍经济的发展。

5. 计划经济严重依赖计划拟定者的水平。明智的计划会带来飞速的发展，而盲目的计划将带来灾难。

6. 不利于调动人们的主动性和创造性。当计划制定以后，就要求一切按计划进行。墨守成规按部就班是最好的，自由发挥是无益的甚至有害的。要"甘当革命的螺丝钉"，要"甘当革命的老黄牛"，要做"党的驯服工具"。

在马列设想的社会主义社会里，生产是有计划进行的。因此，各社会主义国家在相当长地时期内都坚持计划经济，甚至把计划经济和社会主义等同了起来。计划经济在最初也确实能带来经济的高速发展。但等经济发展水平达到了一定程度后，计划经济就不可避免地陷入了僵化保守效率低下的境地。

中国自1978年改革开放以来，逐渐地用市场经济体系代替了计划经济体系。所谓市场经济，就是说各个经济单位根据市场的情况，独立地、自由地决定自身的经济行为。在市场经济下，各个经济单位的自由独立和相互的商业竞争，激发了人们的进取精神、积极性和创造性，使得市场经济充满了活力。

市场是商品交易的场所。我们知道，社会主义社会的生活资料私有，决定了社会主义社会是一个商品社会，也就决定了在社会主义社会里，市场是必然存在的。这就为社会主义社会建立市场经济体系提供了客观基础。资本主义社会里存在市场，可以实行市场经济。社会主义社会里也存在市场，当然也可以实行市场经济。市场经济不是资本主义社会的专利。马列先哲们看到了资本主义的黑暗之处，看到了市场经济的负面影响，因此主观地认为在社会主义社会里应该彻底抛弃市场经济。这种观点实际是非常片面的。人们不应该由于市场经济的缺点而不顾其优点，不能把资本主义的黑暗面全都归罪于市场经济，更不能把市场经济和资本主义等同起来。在马列理论的影响下，各社会主义国家都对市场经济采取过抑制打击的态度。比如中国当初的"割资本主义尾巴"，以及最极端的例子：红色高棉试图通过对商人的劳动改造来彻底消灭市场而导致城镇人口大量死亡的人间惨剧。其实就是现在的中国，政府对市场的限制打击仍然随处可见，农民和城镇居民的农产品交易市场，不断地自发形成，又不断地被城管队消灭。这种现象，不仅仅是由于现实利益冲突的结果，也是计划经济敌视市场经济的遗留表现。相比之下，美国芝加哥的农民要幸运得多，当年的农产品交易市场如今已经发展成了世界著名的期货市场。

幸运的是，经过文革的锻炼，中国人民对于那种以马列经典为不可逾越之教条的极左的社会主义和共产主义，已经深恶痛绝。邓小平适时地用"摸着石头过河"和"白猫黑猫抓住老鼠就是好猫"的民谚提出了他的务实的改革方针，摆脱了计划经济的束缚。从此中国人民开始了探索社会主义社会经济运行模式之路。

如今，30年过去了。中国走上了市场经济之路。中国30年来的实践表明，社会主义社会采用市场经济模式是可行的、有效的，是能极大地促进生产力的发展的。30年来，中国的经济充满了进取精神、积极性和创造性，充满了活力。中国经济在30年里取得了举世瞩目的发展。市场经济在资本主义社会所表现出来的一切优点，在社会主义社会同样表现了出来。

当然同样地，市场经济在资本主义社会所表现出来的弱点也在社会主义社会表现了出来。由于市场经济里各个经济单位的经济行为都是以自身利益为出发点，因此从全局来看就经常会表现出整个社会生产的无序性和不均匀性，从而导致诸如投资过热、比例失调、生产过剩、资源浪费、通货膨胀、收入不均、贫富分化等一系列后果。在中国，以及后来同样采用市场经济的社会主义国家如越南等，这些问题都或多或少地表现了出来。

不过迄今为止，这些问题还没有对社会主义社会的经济造成致命的伤害。这应该归功于基于公有生产资料的社会生产有组织性，归功于政府对经济的调控能力。在资本主义社会，政府调控也是存在的。但由于生产资料归资本家所有，所以政府调控往往只能通过调整税率、利率、社会福利计划等来实现，即所谓的宏观调控。相比之下，社会主义社会里，政府作为公有生产资料的控制者，对经济进行调控的方法和途径要多得多。就宏观调控来讲，不仅仅是资本主义社会的那种宏观调控手段，社会主义社会的政府还可以进行大规模的投资和资本、物资调拨，这对没有掌握生产资料的资本主义社会的政府来说是很难办到的。除了宏观调控，社会主义社会的政府实际上对经济的各个微观的、局部的层面都可以进行调控，包括从一省、一市、一个行业的投资分配，到具体某个企业的建立、关闭或转产，甚至到企业内部的人事变动技术改造设备更新换代等。

社会主义社会的基本矛盾表现为各个层面的整体和局部、局部和局部的矛盾。对这些矛盾的处理和解决使社会主义有了避免经济危机的能力。而各级政府对经济的各种调控，就是具体地在解决这些矛盾，协调不同利益集团的分歧从而保障全局利益。比如当产业比例失调时，可以在短期内实现产业结构调整；又比如出现通货膨胀时，可以迅速平抑物价。经典的例子是建国初的米棉之战和银元之战。改革开放以来中国更是多次通过政府调控渡过经济难关。政府调控使社会主义有了克服市场经济的种种缺点的可能。但过多的和不恰当的政府调控会妨碍经济的运行，甚至带来灾难性后果。主持和执行调控的官员的道德操守和能力水平都会对政府调控的效果产生影响。

上面谈到，社会主义社会有计划经济、市场经济、和政府调控三种经济运行方式。计划经济适合于初期经济落后时期或从崩溃的经济状态中恢复经济的时期。其实从某种意义上说，计划经济也是一种市场经济加政府调控的特殊情况。在计划经济里，政府调控占绝对优势而市场的作用微乎其微，只有消费品市场。这是一种极端不平衡的对比关系。当社会主义社会的经济发展到一定程度以后，计划经济就无法满足经济发展的要求，这时就应该用市场经济加政府调控来代替计划经济。或者说，要调整市场经济和政府调控的比例关系，增加市场经济的比例，减少政府调控的比例，让市场经济成为社会经济的主要形式。那么，市场的比例是不是越高越好呢？当然也不是。政府调控给了社会主义社会克服经济危机的手段。如果政府放弃对经济的调控，那么也就会失去克服经济危机的能力。在资本主义社会，市场经济占绝对优势，政府调控非常有限，其周期性经济危机就一直无法克服。可以说，市场经济和政府调控这两种经济运行方式，是相辅相成的，互为补充的。要保持社会主义社会里经济的长期稳定发展，就必须同时使用这两种运行方式，就必须使这两种方式维持在一个合适的比例，必须使这两种运行方式相互协调相互配合。而中国改革开放30年来的实行的"有中国特色的社会主义"的"社会主义市场经济"，事实上就是在具体实践社会主义社会应该实行的经济模式。

那么，市场经济和政府调控这两者之间应该维持一个什么样的比例？这两者之间应该如何相互协调相互配合？这里面总的原则就是保持生产力的发展，保持经济的发展。在不同的时期，不同的地区，不同的行业，根据具体情况，采取不同的比例，采取不同的协调配合方式。这两者之间的比例关系，应该是一种动态的平衡关系。

而政府调控的基础，则是公有生产资料。前文说过，社会主义社会的所有制应该是公有制为主私有制为辅。那么这两种所有制之间应该是一个什么样的比例呢？这里的原则就是要保证政府具有足够的经济调控能力。因此，社会主义社会里的生产资料所有制，也应该是一种公有制和私有制的动态平衡。

可以预期，如同经过几百年发展的资本主义发达国家都有一系列成熟的市场经济体系及相应法律法规和制度一样，社会主义国家也会发展出一系列成熟的、建立在以公有制为主导的所有制基础上的、市场经济加合理的政府调控的社会主义经济运行体系和相应的法律法规制度。

这种公有制和私有制、市场经济和政府调控有机结合的经济运模式，不妨可以称之为有组织的市场经济。市场经济、计划经济、有组织的市场经济，这三者的异同，可以做如下比喻：市场经济是游击战，各个单位各自为战。计划经济是阵地战，每个人都按部就班。有组织的市场经济则是运动战，动若蛟龙稳如泰山。

七. 社会主义社会的国家制度

"我们的机关实质上是从旧制度继承下来的，因为在这样短的时期内，特别是在战争、饥饿等等条件下，要把它改造过来是完全不可能的。因此，对于那些抱着讥讽态度或怀着恶意指出我们机关的缺点的'批评家'，可以心平气和地回答说，这些人完全不了解现今革命的条件。在五年的时间内要完成机关应有的改造是根本不可能的，特别是在我国革命所处的条件下更是如此。我们在五年内建立了一个新的国家类型，在这个国家里工人走在农民前面反对资产阶级，这已经很好了，这在敌对的国际环境中是一项巨大的事业。但是在意识到这一点时，丝毫不应忽视，我们的机关实质上是从沙皇和资产阶级那里拿过来的旧机关，在和平已经到来和免于饥饿的最低需要已经得到保证的现在，全部工作都应该集中到改善机关上。"
（列宁最后的遗嘱 —《给代表大会的信》，1922.12。）

现有各社会主义国家之制度，脱胎于资本主义国家制度，与资本主义国家基本相同。比如有立法部门，司法部门，和行政部门，有选举制度，议会制度等。在资本主义社会里，生产资料掌握在私人手中。政府的功能就是要维护一个安定的社会环境使社会生产能顺利进行，提供一套健全的法律体系以协调人们的相互关系。立法、司法、行政三权分立的原则加上民主选举和议会制度，就保证了政府能完善地行使这样的功能。

与以往任何国家制度不同的是，社会主义国家的政府要管理庞大的公有生产资料。公有生产资料是由什么机构来管理的呢？迄今为止，各个社会主义国家的公有生产资料，都是由国家的行政部门来管理的。行政与生产资料管理是截然不同的。在现在的社会主义国家里，这两者混在了一起，于是这就产生了一系列问题。

最大的问题就是政治上的专制。一个控制了整个国家的大多数生产资料的行政体系，必然会使这个国家走向专制。当今世界上出现过的所有社会主义国家，其国家制度的最初框架都是民主的，但都在很短的时间里走向了专制，其原因就在于此。

行政部门应该是服务于社会，生产资料管理的目的应该是发展生产。一个是花钱的，一个是挣钱的。但现在两者是一体的。当其侧重服务于社会时，必然影响挣钱。当其一门心思挣钱的时候，不该挣的钱他也挣了。比如行政"婆婆"对企业"媳妇"的各种限制，曾经让国营企业难受了很久，也不知道现在是不是算已经彻底松绑了。比如行政乱收费，严重影响了政府的服务效率，也影响了社会风气的变化。当那些"为人民服务"的部门都开始"创收"的时候，"一切向钱看"自然就流行了起来，接着塞红包、受贿也开始泛滥。又比如一心想让城市变得漂亮，过度地投入大笔资金搞城容建设。再比如前文提到的城管问题，由于市政当局拥有一些场所用于商业经营，城管往往兼有迫使小贩到那些场所内去交易的使命，结果城管有失公允，小贩和市民也不服气。又比如最基本的生产资料 -- 土地 -- 掌握在行政部门手里，结果与土地相关的权钱交易成了当今中国产生贪官的最肥沃的土壤。还有如农村村民委员会，既负责本村公共行政事务，同时拥有村一级集体生产资料的控制权和经营权，结果弊病横生。最近发生的出租汽车司机罢工事件，有关政府部门收取出租汽车指标的使用费毫无疑问是最主要的原因。这些部门有控制出租汽车数量质量的职责（为完成这一职责是要花钱的），同时又可以创收挣钱。结果就有了高额的出租汽车指标使用费，这个指标使用费远远高于为完成其职责所要花费的金额。诸如此类由行政与生产资料经营管理混杂而导致的麻烦有很多，相信每个中国人都可以找出一批来。

行政部门兼管公有资本的经营管理，另外一个严重问题在于官员的营私舞弊。当前中国的最大社会问题，就是官员的营私舞弊。其中层层黑幕、种种手段，可谓多不胜数。其中的关键，在于行政部门既拥有对公有生产资料的控制权，比如土地、矿山、资金等，又拥有各种行政上的经营许可控制权，比如什么人可以办厂、什么人可以开矿、什么人可以开出租车等，同时还拥有创收盈利的权力。最重要的是，生活资料的私有决定了个人私心的存在，决定了钻空子的官员的存在 --- 这实际上也是生产资料公有和生活资料私有的矛盾的一个表现形式。这几者相加，就使得官员的营私舞弊成了无法抑制愈演愈烈的弊端。

资本主义社会里的政府和官员是什么情况呢？在资本主义社会里，土地、矿山、资金等等生产资料都是在私人手里。政府控制着经营许可权，但没有盈利创收的权力和义务，也不拥有生产资料。政府的开支靠税收维持，税率由国会决定。而国会则是由人民直接选举产生。

这里并不是说资本主义社会就没有官员的营私舞弊。但是把社会主义和资本主义两者作个比较，就会发现在沿用了资本主义国家制度的社会主义社会里，官员更容易营私舞弊。事实上，一旦资本主义式的国家制度里的官员有了对生产资料的控制权和创收盈利的权力，就几乎没人能制约这些官员营私舞弊，除非那些官员是没有私心的。资本主义国家实际上早就意识到了这个问题，他们一般视政府从事经济经营活动和政府创收盈利为毒蛇猛兽。这里似乎有意识形态的作用，但更深层的原因就在于，资本主义的三权分立式民主国家制度根本就不适合对公有生产资料的控制管理和经营。英国工党的几起几落可以为此做一个很好的例证。

而在社会主义国家，实际上这个问题也很早就暴露了出来。列宁推崇星期六义务劳动、斯大林用铁血手段控制官员、毛泽东号召学习雷锋、以及文化大革命时的"斗私批修"、"狠斗私字一闪念"，都是以制度之外的手段来制约官员的私心，都是针对这个问题来的。赫鲁晓夫上台后，他的个人威望无法保证如斯大林那样用铁血手段控制官员，就反过来讨好官员们清算斯大林，将官员的享受制度化，并宣称苏联已经消灭了阶级。而在当时的中国，毛泽东正在为官员的私心头疼，自然要对赫鲁晓夫的那一套口诛笔伐，这就成了中苏交恶的原因之一。类似的情况，在邓小平上台后也发生了，只是这时变修的是中国，而坚持革命的是越南朝鲜等。

从邓小平开始，中国放弃了通过阶级斗争对官员私心的抑制，转而寻求以适当的制度来控制官员的营私舞弊。这成为中国改革开放以来政治改革的主题之一。但围绕这个主题的成果始终难尽人意。

现有的社会主义国家的国家制度里，行政与生产资料管理混杂所造成的弊端，实际上就是上层建筑与经济基础的矛盾的表现，是社会主义的经济基础和资本主义式的上层建筑的矛盾的表现。社会主义国家的政治专制和官员腐败，实质上都不是社会主义社会本身的弊病，而是在社会主义条件下使用资本主义式的国家制度而导致的弊病。把公有生产资料的管理从传统的政府行政部门中独立出来，成立专门的公有生产资料的经营管理部门，是完善社会主义国家制度的必然要求。

这个公有生产资料的经营管理部门，要独立于国家行政部门，要能够合理地经营管理公有生产资料，还必须要能够保证公有生产资料的公有性质。也就是说，这个部门必须能防止官员营私舞弊，能保证公有生产资料不被侵蚀，并且这个部门必须是真正的全民部门，不能被少数人把持 --- 否则全体人民的公有生产资料就成了那少数人的"公有生产资料"。要做到这一点，这个部门必须是一个真正的民主的部门。其决策层必须是任期制的且必须由人民直接选举产生；其决策过程必须向人民公开且人民有弹劾的权力。只有这样才能保证公有的性质。否则就是换汤不换药，不过是多了一个行政机构而已。同时，其决策者必须具有足够的能力对相应的经济活动做出正确的决定，其执行机构也必须具有足够的能力来能够顺利地实现决策层的决策目标。

而不再负责公有生产资料的经营管理的行政部门，将不再有挣钱创收的权力和职责。其日常开支和员工工资应该由上级从税收里下拨，不能由其自身创收。在其为社会和人民服务的时候，其收费将不能超过成本材料等花费。同时，政府行政部门还应该拥有监督公有生产资料经营管理部门的权力。

这个公有生产资料经营管理部门的具体体制，应该可以参考资本主义制度里的有关资本经营管理的体制。比如股份公司的股东大会和董事会制度。另外为防止决策层换届而导致经济决策大起大落，其决策层的选举不妨参照美国参议院的选举办法。美国参议员由各州选民直接选出，任期6年，每2年改选1/3。

但是要注意的是，资本主义社会在国家政治方面的民主不是经济方面的民主。在资本主义社会，国家政权对于社会经济活动中人的管理与服从的次序，是以保护私人财产的形式来实现的。私有财产神圣不可侵犯。拥有私有生产资料的人，就拥有了对经济活动的控制管理权。在劳动者使用生产资料进行的经济活动中，劳动者必须服从生产资料的所有者，雇员必须服从老板。雇员在经济活动的所有职责和权限都是由生产资料的所有者决定的。拥有更多的私人生产资料，就能控制更大范围里的经济活动。这是资本主义社会次序的最根本点。这个次序的执行，是在每个(私有的)经济单位内部由资本家来进行的。资本主义国家本身不需要去执行这个次序。资本主义的国家政权要做的，是捍卫这个次序，是镇压一切对这个次序的挑战和反抗。由财产权决定的经济活动中人与人命令服从的次序，在资本主义社会里是没有任何讨论的余地的，是不存在任何民主的。当资本主义国家捍卫人的财产权的时候，就同时在捍卫这种经济活动中的严格次序。

而在社会主义社会，公有生产资料的控制管理者们将在全体人民中产生。每个公民都拥有成为公有生产资料的控制管理者的平等的权力。基于公有生产资料的经济活动的控制管理权力，不是由个人的私有财产的量来决定的。是否拥有这个权力，以及权力的大小，都不是私人占有财富多少能决定的。如果借鉴资本主义社会在政治上的民主制度，以人民直接选举的办法来任免官员，那么社会主义社会将不但具有政治的民主而且具有经济的民主。

社会主义社会的国家制度，其公有生产资料的经营管理应该独立于其他部门，应该是立法、司法、行政、和公有生产资料经营管理的四权分立。社会主义社会的民主，将以生产资料经营管理的民主为根本，将比资本主义社会的民主更加进步。

以村庄为例，如今的村民委员会是全村事务一把抓。不妨可以设想一下一个村庄的四权分立。

村长，行政一把手，负责行政事务，如教育、卫生、医疗等。

治安主任，司法一把手，以国法村规为标准，负责民兵、治安、仲裁邻里纠纷等。

生产委员会（比如3人），资产经营管理机构，负责各种与资产经营有关事务，比如土地承包方案、村办企业、水利设施等。

村民委员会（比如3人），立法机构，制定村民守则，制定村长治安主任和两个委员会委员的补贴标准，制定村提留比例等。

以上村长、治安主任、村民委员会委员、生产委员会委员，共8名干部，全都由村民直接选举任命，不得兼任，任期3年，连任不得超过3届。他们都不是上级任命的，各司其职，互不统属。村长、治安主任3年一届，3年一次选举。村民委员会委员、生产委员会委员每年一次选举，各改选一人。（第一届委员当中，有人可能只有一年任期和两年任期）。

另外，除了正常的换届选举，一定要有一个弹劾机制。当相当多的村民（比如十分之一）对某个干部不满时，可以提出弹劾，召开全村大会，投票决定是否要换掉那个干部。

而上级政府，比如乡镇、县等，都无权干涉村民对村一级干部的任命和弹劾。干部是人民公仆，社会主义是人民当家作主。村里的主人们任命村里的公仆，其他公仆没有说话的权力。

村长、治安主任、村民委员会委员、生产委员会委员全都由村民直接选举任命、互相之间不相统属是非常重要的。否则就会形成一把手一手遮天的局面。另外决策公开也是必须的，众目睽睽之下，一切私心都将无所遁形。

八．社会主义社会的阶级关系

社会主义社会有三个阶级：群众阶级、官员阶级、资产阶级。

群众和官员是社会主义社会的主要阶级。在社会主义社会里始终存在。资产阶级的存在取决于私有生产资料的比例。在计划经济时代，资产阶级就不存在。虽然那时小规模的私有生产资料依然存在，但将那些私有生产资料的拥有者合称为一个阶级实在勉为其难。中国在改革开放以后，随着多种所有制的发展，资产阶级的比例就开始逐步扩大起来。

资产阶级和被其雇佣的劳动者的关系，与资本主义社会里的劳资关系类似。其基本问题在于劳动力价格。资本家希望雇员多干活少拿钱，而雇员希望少干活多拿钱。当双方要求达到某种平衡的时候，就会相安无事，否则就会有冲突和抗争。在资本主义社会里已经形成的一些规范，比如八小时工作制、男女同工同酬、劳动安全保障、工会组织合法化等，在社会主义社会里仍然是维持双方平衡的规范要求。

官员和资本家的关系。这里有两种不同的关系。一种是官民关系，是国家行政管理者和人民之间的关系。这和资本主义社会里官员与资本家的关系类似。另一种是同为生产资料掌控者的关系。官员和资本家分别是公有生产资料和私有生产资料的掌控者。他们可以是经营中的合作者，可以是竞争对手，也可以是行贿受贿者，甚至是侵吞公有生产资料的合谋者。

官员的腐败，资本家和官员间的行贿受贿行为，是官员和资本家在合谋侵吞社会财富。是对整个社会的损害，是对绝大多数人的利益的损害，特别是对群众利益的损害。社会主义国家应该建立相关的制度来防止和打击这种行为。中国建国之初，在社会主义改造的过程中，这种现象曾经广泛出现。毛泽东称之为是资产阶级糖衣炮弹的攻击，反复告诫各级干部要保持清廉，并通过三反五反这样的群众运动来打击贪污腐败行为。但毛泽东并没能建立相应的反腐败制度。随着社会主义计划经济体系的建立，私有经济只剩下了个体工商，资产阶级不存在了。因此资本家和官员这种合谋侵吞公有社会财富的情况也暂时消失了。改革开放以后，随着私有经济的发展，资产阶级得以发展，资本家和官员这种合谋侵吞社会财富的现象又开始泛滥起来，官员们的肆意妄为几乎受不到任何监督抑制。前文提到政府行政和资产经营应该分开，分开的两个部门应该可以起到一定的相互监督作用。

官员和资本家合谋侵吞社会财富的现象，使得那些跟官员有紧密联系的资本家能得到更好的发展。这些官员和资本家形成了权钱结合的利益共同体。这些官员成为这些资本家的代言人，而这些资本家成为这些官员的附庸。与之对应的，没有官员背景的资本家们则处于相对困难的境地。他们会在商业竞争中被有官员背景的资本家欺负。也会在和官员打交道时被当作肥羊宰割。

当一个官员离开官位的时候，他所在的权钱利益体的格局就会改变。

下来的官员可能变身为资本家。他和原来的合作伙伴现在都得去找在位有权的官员当靠山，找不到就要成为待宰的肥羊。于是很多官员在离开岗位时千方百计要安排"自己人"接班。还有很多官员则干脆设法移民甚至逃亡国外。

官员和群众的关系。这是社会主义社会里主要的阶级关系。

社会主义社会里官员和群众这两个阶级的存在，是以公有生产资料的存在为前提的。离开了公有生产资料，官员就不是一个独立的阶级。离开了公有生产资料，群众就没有生产资料的所有权，就成为真正的无产者。

社会主义社会的公有生产资料是公有的。因此，从所有权的角度来看，每个人都是平等的，官员和群众之间也是平等的。但是从控制权的角度来看，又是不平等的。

官员和群众的关系，主要表现为上级和下级、雇佣与被雇佣、管理与被管理、出租者和承租者的关系。这是社会主义生产方式本身决定的，即官员控制生产资料，群众以付出劳动力的方式参加到社会生产中。这样的关系，与劳资关系类似。但由于生产资料公有，使得任何人都有竞争官员的权力、推举官员的权力和要求罢免官员的权力。因此群众和官员的关系，又表现为官位的竞争者和在位者之间的关系，支持者反对者与被支持者被反对者的关系，以及监督者和被监督者的关系。

官员阶级和群众阶级之间，既有合作又有斗争。当群众的利益和官员的利益都得到满足的时候，两者之间就会是一种和谐的状态。但是多数情况下群众的利益和官员的利益是不一致的，矛盾是贯穿始终无处不在的，和谐只能是长期和宏观意义上的，是在产生矛盾解决矛盾的过程中体现出来的。

1. 分配比例问题

这与资本主义社会里的劳动力价格问题是同类问题，但是要复杂得多。社会主义社会的分配比例，不仅仅有劳动力价格问题，还有剩余价值分配比例的问题。劳动力价格，也就是群众的收入水平，影响着剩余价值率的高低。劳动力价格低，则剩余价值率高。劳动力价格高，则剩余价值率低。而官员的的收入水平，则影响着剩余价值分配的比例。我们知道，剩余价值是按资本和权力共同分配的。官员收入高，则剩余价值里能积累成为公有生产资料的比例就低。官员收入低，则剩余价值里能积累成为公有生产资料的比例就高。过低的公有生产资料积累速度将降低经济发展速度，减少社会福利和保障。过低的群众收入或过高的官民收入差距必然导致群众的不满。官民收入差距过低又会降低官员的积极性，增加官员以不正当手段捞钱的可能性。

从49年到76年，中国一直维持着包括领导和群众在内的全体人民都是低收入、而国家高积累的状态。用林彪的话说就是国富民穷。在这28年里，中国这个人口众多、90%文盲、人均寿命35岁、一穷二白的国家，建立了从基础工业到尖端国防工业的完整的现代工业体系，新生人口基本普及了初中文化，建立了从小学到大学研究所的现代教育科技体系，建立了由合作医疗和公费医疗组成的公众医疗保健体系，人均寿命达到69岁。虽然在这28年里，中国经历了反右、四清、文革等一系列政治动荡，经历了抗美援朝、中印边界战争、中苏珍宝岛战争等一系列战争，承受了美苏两大集团的经济制裁和封锁，同时还有抗美援越、援助亚非拉等大量对外无偿援助，但整个国家的发展仍然是快速而且扎实的。这段时期的发展，就是以人民低收入、国家高积累为保证的。代价就是人民的日常生活娱乐长期处于基本温饱的低水平。建国之初，翻身解放让人民自觉自愿地艰苦奋斗大干快上。当翻身的激情逐渐消逝以后，当人民开始希望改善日常生活丰富娱乐活动的时候，这种艰苦奋斗的状态则是靠毛泽东的个人威信和政治手段维持住的。"阶级斗争，一抓就灵"。阶级斗争一抓，没人敢搞"资产阶级生活方式"，大家老老实实艰苦奋斗。在这段时期，领导官员和人民群众处于一种特别的对立状态。领导通过各种"教育"手段使群众接受低收入的状态，而群众也瞪着雪亮的眼睛随时准备把搞"资产阶级生活方式"的"走资派"拉下马。

毛泽东去世后，人民低收入、国家高积累的状态就无法再维持下去了。分配比例开始不断调整，官员和群众的收入都开始提高。在这个过程中，官员和群众之间既有合作也有对立。大家一起涨工资时自然关系融洽，领导多拿多占或群众收入降低甚至下岗时群众自然不满。资本主义社会里，劳资双方在劳动力价格方面分歧严重的时候，就是无产阶级和资产阶级之间阶级矛盾激烈的时候。同样地，社会主义社会里收入分配比例不合理的时候，官员和群众之间就会对立。在资本主义社会里，劳资双方经过长期的斗争妥协，确定了如八小时工作时间、男女同工同酬、最低工资保障等等关于劳动力价格的规范。同样地，社会主义社会的收入分配比例，也必然会在官员和群众之间的斗争和妥协中，逐步形成一套合理的规范。08年各地的出租司机不服政府和公司的收费标准而罢工，以及其后各地政府出租车营运管理政策的调整，就是一个出现矛盾、解决矛盾、调整分配比例的例子。在当今的中国，分配比例的规范还没有最终形成。特别是在官员的收入水平上，还没有一个合理的标准。官员的收入，合法的非法的，都在不断地增加着，成为现在中国贫富差距不断扩大的主要原因。

这里要特别提一下工会问题。工会组织是雇员的组织，是代表雇员利益维护雇员利益的。工会组织的存在，使得雇主和雇员之间得以协调利益冲突。资本主义社会经过长期的发展，发现了工会是维护社会稳定的一个重要因素。因此在发达资本主义国家，工会都是合法的。但在社会主义国家中，其实不存在真正代表群众阶级的工会组织，官方工会实际是一种政府行政部门，而雇员自发组织工会是非法的。这就使得雇主和雇员之间的利益冲突少了一个协调的手段。雇主在多数情况下得到利益而在雇员心里留下仇恨。另外，也没有其他能代表群众阶级的政治团体比如农会或政党等。没人为群众阶级说话。结果分配制度已经极端偏向官员阶级和资产阶级。这就使得群众阶级和官员阶级、资产阶级之间的矛盾在不断地积累之中。波兰的社会主义制度，就是由于工会问题导致的社会危机而垮台的。而当前的中国，以群众阶级为一方，以官员阶级和资产阶级为另一方，双方的阶级矛盾，没有工会这样的组织进行协调，在近期内有形成尖锐的阶级对抗的危险。

顺便提一下，资本主义社会里工会的现实是：每一个工会是其会员的利益的代表，他们与资本家斗争的重点是在分配比例上维护工人的利益，而不是剥夺资产阶级来实现社会主义。有人用美国汽车工会在美国汽车工业的衰退中起的作用来否定社会主义，认为社会主义是妨碍生产力发展的。这实际上是在颠倒黑白。实际上，美国汽车工业的衰败，正表现出了资本主义无法克服的必然宿命。它无法协调劳资双方的利益。资本主义的发展是建立在对工人的剥削的基础上的。一旦工人阶级的力量强大到能够维护自己利益的时候，资本主义就只能走向衰退。

2. 权力之争的问题

社会主义社会的公有生产资料是公有的。从所有权的角度来看，每个人都是平等的。这种所有权的平等，使得群众和官员之间的关系表现为官位的竞争者和在位者之间的关系，支持者反对者和被支持者被反对者之间的关系，以及监督者和被监督者的关系。每个群众都有成为官员的权力、推举官员的权力和要求罢免官员的权力，每个人都有对公有生产资料由谁管理和如何管理的发言权，每个人都有对剩余价值分配方案的发言权。每一个群众都可能会有努力成为官员的倾向，或者说是有积极上进的愿望，有当官的愿望。同样地，每个官员也都有保官和升官的倾向。而从利益的角度讲，谁能管理公有生产资料？如何管理公有生产资料？剩余价值将如何分配？都是重要问题。这些问题都归结为权力之争。这就使得权力之争，成为社会主义社会里的一个重要问题，一个无处不在无时不在的问题。在社会主义社会里，权力之争是不可避免的。越是初级的社会主义社会，在管理公有生产资料方面的问题越多，权力之争也就越激烈。我们前文说过，社会主义社会的基本矛盾是生产资料公有和生活资料私有的矛盾。社会主义社会的基本矛盾，导致了整体和局部、局部和局部等等各种矛盾。而权力斗争，则是所有这些矛盾的集中表现形式。

在社会主义社会里，由哪些人进行"对物的管理和对生产过程的领导"，是一个非常基本的社会关系。权力之争，就是调节这个社会关系的过程。在初期的社会主义社会里，整个社会对于如何调节这一关系都是生疏而粗糙的。各个社会主义国家初期的各种风云变幻，与此不无关系。但随着社会的的发展，社会主义社会对这一关系的调剂，必然变得熟练而精细。

在权力之争中，每个人，无论是官员还是群众，都可能有几种不同角色：无关者，旁观者，争权者，某争权者或某官员的支持者，某争权者或某官员的反对者，以及利益受影响者。很多时候，权力之争表现为官员之间的斗争，但群众实际上必然会被牵扯进去，即使不成为争权某方的支持者或反对者，也会是利益受影响者。在权力斗争中，官员阶级和群众阶级的关系，通常不是单纯的两个对抗的阶级的关系，而是相互纠缠错综复杂的。不同的官员往往有不同的群众作为其支持者。但如同俗语所说，官员之间是勾心斗角，在面对群众时是官官相护。在各种错综复杂的权争之中，官员和群众两个阶级之间的差别和分歧是无处不在的。在一定条件下，也会出现官员阶级和群众阶级阵线分明的权力斗争，比如反右、文革。

因为生产资料的公有，罢免官员的权力、选举官员的权力和竞争官职的权力，是社会主义社会里每一个公民的基本权力。在资本主义社会里，私有财产权神圣不可侵犯。在社会主义社会里，公有财产神圣不可侵犯。怎样才能保证公有财产神圣不可侵犯？那就是要保证每一个公民要有罢免官员的权力、选举官员的权力和竞争官职的权力。否则，如果由少数人把持了官员的任用，就等于是由这些人把持了公有财产，公有财产的公有性就名不符实，公有财产神圣不可侵犯也就无从讲起。

权力之争实际上是各种矛盾的表现。每一场权力之争，其结果，必然是影响诸如谁管理生产资料、如何管理生产资料、剩余价值如何分配等方面的变化；必然是影响社会主义社会内部结构的变化。其变化的范围和程度，取决于权争的程度和级别，取决于权争的结果。厂长之争，影响一个工厂。总书记之争，影响全国。政府是否有收取高额的出租汽车营运费的权力影响出租汽车行业。高校是否有权收取高额学费之争，影响子孙后代。权争的结果，可能有好有坏。但不论权争的结果如何，必然会使社会应付同类矛盾的经验增加，从而促进社会主义制度的发展。同时，权力之争，对现任官员毫无疑问是一种有力的制约。文革时的大民主和造反派，是那时制约官员保持艰苦朴素作风的一个重要因素。近年来，在反腐中被惩治的贪官，多数也是因权力之争而落马的。在资本主义社会里，生产资料私有带来的对利润的追逐，以及由此导致的商业竞争，是资本主义发展的重要原因。而在社会主义社会里，生产资料公有带来的对官位的追逐，以及由此导致的权力之争，实际上是社会主义发展的重要因素。

社会主义社会出现权力之争，包括群众阶级和官员阶级的权力之争，是社会主义社会基本矛盾的表现，是不可避免的，同时也是社会主义社会政治经济制度发展的重要动力。社会主义社会应该建立一套完善的围绕权力竞争的法律规章制度。这套制度要能保证权力之争不危害社会的正常次序，而这套制度的根本，则是要体现在竞争官职、推选官员、罢免官员这几个方面人人平等的精神。这是社会主义社会公有生产资料神圣不可侵犯的具体保证，是社会主义社会防止公有生产资料被少数人把持侵吞的必要保证，是社会主义社会稳定和持续发展的必要保证。

当前的中国，群众竞争官职、推选官员、罢免官员的权力几乎被彻底剥夺了。这一方面是因为官员阶级在千方百计防止群众能威胁他们的官位，另一方面也是因为群众阶级还没有意识到"争权夺利"是他们的天赋权力，没有意识到"争权夺利"是他们根本利益之所在，没有意识到"争权夺利"是反腐防腐的有效工具，没有意识到"争权夺利"是维持社会主义制度健康发展的一个必要因素。

觉醒吧，夺回自己的权力，赶走贪官污吏！

九. 文革反思

关于文革，众说纷纭。从66年5月《516通知》起到68年9月"祖国江山一片红"为止，不到两年半的时间，从文斗到武斗，全国上下造反派保皇派打做一团，最后是上自国家主席，下至厂长村长小学校长，但凡一把手几乎都被打倒。公检法、政府、党委被全面摧毁，由革委会取而代之。解放战争时，共产党用三年时间推翻了国民党的统治。而文革，则是共产党用两年半的时间推翻了共产党的统治。其斗争之惊心动魄，其动荡之激扬猛烈，其混乱之荒唐莫名，亲身经历者多心有余悸。

但冰冻三尺非一日之寒，如此剧烈的社会动荡岂是以一人之力说发动就能发动的？文革头两年里，全国百姓如火山爆发般的猛烈造反，必然有一个能量积累的过程。而毛泽东，也不可能莫名奇妙地发动群众打碎他自己历经千难万苦九死一生建立起来的国家。

文革的一切，到底是从什么时候开始的呢？就让我们从建国的时候开始看一看吧。

49年建国之初，中国参照苏联经验，开始建设社会主义。农村经过土改和合作化，城市经过工商业的社会主义改造，公有制为主体的社会主义生产关系在中国建立了起来。同时，在苏联的帮助下，中国开始建设自己的现代工业体系。到57年，第一个五年计划完成。五年内，以苏联帮助设计的156个项目为中心，中国建成了825个工业企业，包括化工、化肥、冶金、机械、飞机、汽车等，建立了现代工业化的初步基础。国家建设可谓形势一片大好。但就在这个时候，问题已经开始出现了。

56年开始，基本上是造反农民出身的各级领导，和以旧社会成长的知识分子为主体的文职技术人员，因为外行领导内行，逐渐发生了普遍的矛盾。当一穷二白的白纸上色彩丰富起来的时候，"老革命碰到了新问题"，老革命们的水平普遍开始跟不上了。毛泽东开始在一些地方发现这样的矛盾的时候，鼓励大家向党提意见，搞大鸣大放，希望能够由此提高领导水平。56年11月八届二中全会上，毛泽东提出了要"整顿三风：一整主观主义，二整宗派主义，三整官僚主义。" 毛泽东很清楚他手下这群山大王的水平，但认为虚心接受群众意见就能在短时间内得到足够的进步。可是当几乎所有的领导都被质疑，而知识分子们普遍开始要求获得一定权力的时候，这就变成了一场全体官员与全体知识分子之间的权力之争。而个别极右知识分子则开始乘机否定社会主义。毛泽东显然对此所料不及。57年5月15日，毛泽东写了《事情正在起变化》一文，认为这是一个全面的夺权行动，是资产阶级对无产阶级的猖狂进攻。这场"权力之争"的结果是55万人被打成右派流放穷乡僻壤，他们包括很多知识分子和向领导提意见的干部群众。中国知识界，特别是群众阶级里的知识界，遭到极大摧残。接下来，平均文化水平还不到小学毕业的革命官员们带领全国人民大跃进，"鼓足干劲，力争上游，多快好省地建设社会主义"。用"人有多大胆地有多大产"的精神，"跑步奔向共产主义"，力图实现马列设想的社会主义甚至是共产主义。搞公共食堂吃饭不要钱意图消灭生活资料的商品买卖。刘少奇甚至要搞"生产军事化生活集体化"，男女分住集体宿舍，取消家庭。结果是，整个国家奔入了三年困难时期。

1962年，中国的经济从三年困难时期中恢复了过来。但从56年到62年这6年的大起大落，让中国人的思想开始出现了困惑，很多人对社会主义共产主义产生了怀疑。57、58年的大跃进是在老革命们的带领下以建设社会主义共产主义为名义进行的，结果导致了三年的极度困难，那么，是"好好的经被歪嘴和尚念歪了"还是本来就是个"烂经"？究竟什么是社会主义和共产主义？应该怎样建设社会主义共产主义？是否还要继续走社会主义道路？另外，那些极其马列的、极左的，往往也就是那些搞浮夸、吹牛皮的各级领导们是否还适合当领导？农村的农业合作化是否还要继续坚持下去？这些都成了问题。同56、57年类似，群众对干部的意见再次多了起来。但这次和57年不同的是，有意见的不单单是知识分子，还包括广大劳动群众，特别是农民群众和农村基层干部。并且这时提意见的知识分子（建国初，小学毕业以上被称为知识分子。60年代，高中毕业以上被称为知识分子），都是根正苗红、受党教育多年的、在新中国培养出来的。甚至刘少奇也从狂热地要实现共产主义转而要搞"三自一包，四大自由"，放弃公有制，开始背离马列经典的设想。而此时的毛泽东，开始意识到中国的社会主义制度有严重问题。一是毛泽东发现中国似乎还有阶级，"在机关中和集体经济中出现了一批贪污盗窃分子，投机倒把分子，蜕化变质分子，同地主富农分子勾结一起，为非作歹。这些分子，是新的资产阶级分子的一部分，或者是他们的同盟军"。这批人和人民群众怎么看都是两个不同的阶级。而且这批人显然对社会是有危害的，是应该被铲除的。二是毛泽东认为中国从苏联学来的这套体制有问题。如果你开车的时候，让它加速一成的时候它加速十成，让它减速九成的时候它速度丝毫不变，那这个车肯定是有问题的。毛泽东在大跃进时期就是这样一种情况。他鼓舞士气的指示，都是被十倍百倍地夸张执行的。他降温泼冷水的指示都没什么作用。因此他派手下秘书们到基层调查研究，他本人也各处巡查了解情况，开始考虑如何调整中国的社会主义国家体制。

63年5月，毛泽东在杭州召集有部分中央政治局委员和大区书记参加的小型会议，讨论农村社会主义教育问题。会上制定了《前十条》，发起社会主义教育运动。《前十条》有四个主题：以辩证唯物主义教育干部意图提高干部工作水平；以社会主义教育群众坚定走社会主义道路信心；以阶级斗争教育干部群众警惕资本主义复辟；以"四清"建立民主监督机制，推动全体官员清正廉洁。其中第7条指出："贫下中农的代表、委员会和主任，都应当由贫农、下中农选举产生。要充分发挥贫下中农组织对社、队管理委员会的协助和监督作用。贫下中农委员会可以派代表列席社、队管理委员会和监委会。社、队一切重大事情都应当同他们商量，使他们了解，不得加以封锁"。第8条指出："农民迫切要求社、队认真地清理账目、清理仓库、清理财物、清理工分（简称"四清"）。目前社、队普遍存在四不清的矛盾，这种矛盾主要是干群之间的矛盾，必须予以解决，也不难解决"，"今后，除了按照六十条的规定，定期公布各项账目之外，每年还要大清一次到两次，使"四清"成为人民公社、大队和生产队，首先是基本核算单位的一项经常制度，并作为一种重要的社会主义教育"。这里的"四清"，其实就是生产资料的公开管理。这个运动，就是要通过社会主义教育，建立民主的群众监督机制，从制度上解决干群矛盾。可以说，《前十条》是中国社会主义制度建立民主机制的一个重要尝试。

但社教运动开展以后几经波折。63年9月刘少奇主持制定了《后十条》，提出了"按照毛泽东同志的指示，这次运动，应当以阶级斗争为纲"，给运动设定了主题：四清和对敌斗争，把社教运动变成了整人运动。《后十条》的"对敌斗争"就是整阶级敌人，就是斗争"地富反坏"：地主富农反革命坏分子。并且要参照1933年中央划分农村阶级的文件重划阶级成分，清查漏网的阶级敌人（那个文件是王明统治时期的极左产物，毛泽东曾意图阻止该文件的制定和实施，被二十八个半讥笑为不通马列主义，是"狭隘经验主义"。为此毛泽东特撰文《反对本本主义》，很是打了一阵笔墨官司。不过这场笔架毛泽东没打过二十八个半。那个文件也是中央苏区反五次围剿失利的一个重要原因）。《后十条》的"四清"不再是建立公开经营管理的制度，而是集中力量整基层干部，清查经济上多拿多占的干部以及政治上和"地富反坏"有联系的干部。而且规定"地主、富农的子女，一律不能担任本地的基层领导干部，一般地也不宜担任会计员、保管员、出纳员、社队企业和事业的管理人员等重要职务"，将血统论正式引入到了党的政策之中。此后，由机关干部和高校师生组成大批工作队下乡搞运动。其中王光美带队蹲点，在64年4月搞出了个桃园经验，这个经验就是如何用秘密调查和逼供信挖出"四不清"干部。接着刘少奇在64年9月发布"《后十条》修改草案"，在全国推广桃园经验。一时间基层干部、出身不好的人、以及平时爱说个怪话的人被整得凄惨无比，有些村社基层组织彻底瘫痪。而关于《前十条》里希望通过选举来产生的贫下中农委员会，《后十条》里的说法是"贫、下中农组织的建立，必须采取访贫问苦、扎根串连，随着运动的深入，由小到大，逐步发展的方法。关键是扎正根子。首先吸收的，应当是立场好、劳动好、热爱集体、觉悟较高、政治纯洁的贫、下中农"。完全成了由工作组吸收发展的，而不是大家选举产生的。彻底没有了民主的成分。从此，社教运动被称为四清运动。

毛泽东认为刘少奇的四清做法偏离了主题，多次提醒是要搞社会主义教育，教育广大干部群众。并要求中央将前后两个十条向全体人民，包括还没有开始搞运动的地区，也包括地富反坏四类分子，作全文传达。但由于毛泽东退居二线，刘少奇主持中央工作，刘少奇对毛泽东的反对意见不做反应，毛泽东一时间拿刘少奇没有办法。64年底，北京召开三届人大一次会议，各地代表云集北京。65年1月5日毛泽东参加政治局扩大会议，拿着《党章》和《宪法》在会议上讲话，硬压着中央纠正刘少奇的做法（就是毛指责刘邓"一个人不让我来开会，一个人不让我讲话"的故事）。65年1月，中央发出《二十三条》，确定运动的重点是"整治党内那些走资本主义道路的当权派"。"对那些犯轻微四不清错误的，或者问题虽多但交代好的，要尽可能早一点解放出来"。"对于那些犯了错误但是还可以教育的、同那些不可救药的分子有区别的党员和干部，不论其出身如何，都应当加以教育，而不是抛弃他们"。再次强调社会主义"存在着阶级矛盾、存在着无产阶级和资产阶级的阶级斗争、存在着社会主义和资本主义的两条道路斗争"，不是"四清和四不清的矛盾"，而是"社会主义和资本主义的矛盾"。为避免"走到斜路上去"，因此"要同群众研究出一套有效的领导干部监督制度"（第19条）。提倡四大民主，要实行"政治民主，生产民主，财务民主，军事民主"（第20条）。要实行干部任期制（第18条）。并计划用三年时间在全国完成这个任务。

从《前十条》、两个《后十条》到《二十三条》，毛泽东和刘少奇的分歧可谓泾渭分明。在看到干群矛盾的时候，毛泽东希望通过教育和建立民主监督制度，从根本上加以解决。刘少奇不肯改变制度，而是把注意力放在那些"四不清"干部身上，要把他们挖出来，整下去。毛泽东提阶级斗争，是从整个社会的宏观的角度看问题，是为改变制度建立民主监督机制提供理论基础。刘少奇以毛泽东的名义提阶级斗争，同时局限于一个个具体的干部群众个人，把阶级斗争作为整人的依据。事实上，当时大多数共产党人，比如刘少奇邓小平彭真，都对毛泽东的论断不以为然，在很多场合表示社会主义社会就是没有剥削阶级的。他们更愿意相信马列关于社会主义社会没有剥削阶级的设想论断。邓小平在掌权之后，就明确地宣布中国已经不存在剥削阶级，并且把这条写进了宪法。文革时刘少奇的罪状之中有"打着红旗反红旗"、"阶级斗争熄灭论"等，实在是恰如其分。

刘少奇始终没有安排向全体人民全文传达《前十条》、两个《后十条》和《二十三条》。但是刘少奇用机关干部和高校师生组成工作队下乡搞运动。工作队成员自然知道几个文件全文，也发现了它们的明显不同。《二十三条》制止了《后十条》导致的对基层干部群众的打击，提倡建立民主监督制度，得到广大群众和基层干部的拥护。但毛泽东关于社会主义存在阶级斗争的论断，与马列设想的没有阶级的社会主义社会相左。毛泽东说社会主义里长期存在无产阶级和资产阶级的矛盾，但在没有私有生产资料的社会主义里，又从哪里能冒出个资产阶级呢？"党内那些走资本主义道路的当权派"又究竟是谁呢？结果在全国高校和知识分子扎堆的单位，引发了关于社会主义的大争论。以成都为例，各高校参加工作组分散到农村各处的大学师生，周末回校休整就成了聚在一起争论的时候。开始争论只是在相互熟悉接近的同学老师之间发生，到后来全成都各个高校的学生和青年教师每周齐聚人民广场（现在叫天府广场）大辩论。随着时间的推移，这场全国性的争论越来越激烈，同时各地群众要打倒走资派的呼声开始出现。

65年11月10日，上海《文汇报》上发表姚文元《评新编历史剧〈海瑞罢官〉》一文，认为全剧实质是阶级斗争在意识形态领域的反映。"阶级斗争是现实存在，它必然要在意识形态领域里用这种或者那种形式反映出来，在这位或者那位作家的笔下反映出来，而不管这位作家是自觉的还是不自觉的，这是不以人们意志为转移的客观规律。《海瑞罢官》就是这种阶级斗争的一种形式的反映。"也就是说，在中国这个不存在资产阶级的社会里，资产阶级的思想和无产阶级的思想在意识形态领域内还在继续斗争。为社会主义社会里"长期存在着严重的、尖锐的阶级斗争"提供了一个可以在不否认马列设想的前提下得以自圆其说的依据。社会主义社会里，虽然资产阶级不存在了，但资本主义思想还是存在的，无产阶级仍然要和资本主义思想进行斗争。那些走资本主义道路的当权派，虽然是社会主义社会里的干部，不属于资产阶级，但他们的思想却是资产阶级的思想，因此人民群众同他们的斗争实质上就不仅仅是人民内部矛盾，而是无产阶级和资产阶级两个阶级的阶级斗争。

此文一旦，全国形势急转直下。全国各大报纸、杂志纷纷转载，转眼间知识分子们，尤其是大学生和中学生们，基本上认同了社会主义存在阶级斗争的看法。北京市长、中央文化革命五人小组（主管中宣部控制舆论的小组，不是后来的中央文革小组）组长彭真先是控制人民日报不予转载意图控制该文传播。待该文被广泛转载后，又于66年2月草拟《关于当前学术讨论等汇报提纲》（即《二月提纲》），试图将该文的影响局限于纯学术范围。但在举国上下都在非常激动地争论到底社会主义社会有没有阶级斗争的形势下，彭真的企图根本不起作用。66年5月4日，《解放军报》发表社论《千万不要忘记阶级斗争》，进一步阐述社会主义社会的阶级斗争理论。5月9日，上海《解放日报》和《文汇报》同时发表姚文元文章《评"三家村"---〈燕山夜话〉、〈三家村札记〉的反动本质》，直指彭真、吴晗等人拥有资本主义思想，走资本主义道路。66年5月16日，政治局召开扩大会议，决定成立新的"中央文化革命小组"，取代原先的"文化革命五人小组"，《二月提纲》被废除，通过了《五一六通知》，宣布文化大革命正式开始。要高举无产阶级文化革命的大旗，要彻底批判资产阶级反动思想。5月25日，北京大学哲学系总支书记聂元梓等七人在北京大学大饭厅贴出了题为《宋硕、陆平、彭佩云在文化革命中究竟干些什么？》的大字报，指责北京大学校党委和北京市委走资本主义道路。5月29日，清华大学附属中学成立了第一个红卫兵组织。6月1日，人民日报发表社论《横扫一切牛鬼蛇神》，呼吁民众进行无产阶级文化大革命，把那些吃着人民的饭却拥有资本主义思想走资本主义道路的、所谓的专家、学者、权威、祖师爷打得落花流水，使他们威风扫地。同时《人民日报》发表聂元梓等六人撰写的《大海航行靠舵手》，号召要把所有的资产阶级权威打倒。接着全国大中学校学生纷纷成立红卫兵组织，起来造反夺权，反对学校党委或支部的领导，北京大学、南京大学和上海音乐学院等高校的校长被公开批判。

此时，毛泽东正在杭州。刘少奇在北京召集中央会议，决定向大中学校派出工作组"领导文化大革命"。工作组采取了和刘少奇在四清推行的整治四类分子"地富反坏"类似的办法，利用"根正苗红"的高干子弟红卫兵，压制"右派翻天"的学生和教师。短短一个月里，仅在北京24所高等院校，工作组就把一万多学生打成"右派"，把两千五百多教师打成"反革命"（本人试图在网上查一下当时北京高校有多少学生，可惜没找到，但找到数据说当时全国高校在校生共76万多，不知是否确切）。7月底，毛泽东经武汉回到北京，指责工作组"镇压学生运动"，"这是镇压，是恐怖，这个恐怖来自中央"。8月5日毛泽东写下了著名的《炮打司令部 --- 我的一张大字报》。8月8日，毛泽东主持中央制定了《中国共产党中央委员会关于无产阶级文化大革命的决定》（即《十六条》），明确提出"这次运动的重点，是整党内那些走资本主义道路的当权派。"与此同时，各地红卫兵纷纷进京声援北京学生。8月18日，毛泽东在天安门广场接见了一百万来自全国各地的红卫兵，此后毛泽东又先后在天安门广场接见了超过1100万红卫兵。在毛泽东的支持下，红卫兵从首都返回各地，发动工农成立群众组织，纷纷起来造反夺权。文革真正开始了。而当权派也开始设法组织人马压制造反派（例如湖南江西等地出现过让农民进城打造反派，一天给十块钱的事例，武汉陈再道干脆动用军队抓捕造反派），再加上不同造反派别的相互争权，从文斗发展到武斗，整个国家都几乎陷于全面内战的混乱状态。从1967年初到1968年秋，各地党委政府先后被打倒，造反派夺权成功，模仿巴黎公社的体制成立革命委员会代替了原来的党委和政府—— 这实质上和只有政府没有党委是一回事。到69年，造反夺权的社会动荡才算是平静下来。

从反右、社教，到文革，一系列运动斗争，都给中国社会造成了极大损害。80年邓小平执政后，认为是群众造反才引起了社会动乱，否定了毛泽东的社会主义社会长期存在阶级斗争的理论，不再抓阶级斗争，把造反派也都判了罪，关进了监狱里。取消了大鸣、大放、大字报、大辩论，造反当然也是被禁止了。被打倒的走资派们平反昭雪官复原职，而当初敢向党提意见的右派们却到现在为止都没有彻底平反。改革开放30多年来，在经济建设方面，中国取得了丰硕的成果。可是官员的腐化堕落也在这30年里发展到了触目惊心的地步。其中原因，最根本的就是取消了群众造反夺权的权力。造反夺权给社会造成破坏，就应该设法规范其行为，但不能剥夺群众造反夺权的权力。就好比说出现了商业欺诈时，不应该取消商业，而应该针对发生的欺诈行为完善相应法律规章制度。如果仔细分析一下历次运动，很容易发现给社会造成损害的真正原因其实不是群众夺权。反右带来了浮夸风和其后的困难年，原因不是群众和知识分子要求掌权，而是因为官僚阶级压制知识分子要权的要求。群众和知识分子发现领导水平低、瞎指挥，欲制止，欲参与决策，但没成功。结果领导们益发肆无忌惮地瞎指挥，结果就很严重。灾难的出现，不是因为群众和知识分子争权，群众和知识分子争权恰恰是避免灾难的机会。如果群众和知识分子在权争中胜出，那么后面的亩产万斤大炼钢铁之类的荒唐事和三年困难是有可能避免的。同样，社教运动最后发展成文革的全面造反夺权全面内战，当权者对群众要求的压制是一个重要因素。如果刘少奇四清时不是搞整人运动，而是按毛泽东的设想建立起民主监督制度，在文革开始后也不是迫不及待地镇压写大字报的学生们，而是调整体制以顺应民意，情况就会完全不同。后来群众爆发式的造反，是前面各种因素积累的结果。全国的群众都欲夺权，全国的官员都欲保权。每个单位夺权的群众还可能不止一派，在全无约束的情况下相互争执最后大打出手。如果国家的体制能够有民主监督制衡官员的"变修"，能及时淘汰不合格官员，就不会有文革。同时，国家体制里应该有合理的权争的方式和程序，以避免出现混乱和破坏。比如官员任期制，到期重选。又比如官员弹劾制度，一定数量的群众联名就可以弹劾官员，然后由全体公民裁决是否罢免被弹劾官员。而裁决方式，投票显然优于打架。大鸣大放大字报大辩论是必要的，在投票前应该先搞鸣放辩论，讲事实，摆道理，最后投票表决。

也许有人会说如果群众不要权，不就什么事都没有了吗？怎么能怪领导呢？这种说法，其实隐含着一个意思。那就是群众没有资格要权。中国的传统儒家思想，强调三纲五常，中庸之道。人人安分守己，谨遵尊卑之份。在儒家思想里，官位不是争来的，而是上面的恩赐。这实质上就是一种以道德的力量来压制权力之争的手段，特别是压制下位者对上位者权威的挑战。这使得中国的民众安分守己，不习惯为自身利益而抗争。中国的平民百姓几乎就没有权力之争的想法，即不竞争官位，也不主动支持能代表自己利益的官员，甚至认为竞争官位是不应该的事，是不守本份的事。想竞争官位的人就是"野心家"。这当然有利于官员们稳坐官位，也似乎有利于社会的稳定，于是中国历代统治者都极力推崇儒家思想。但对整个国家和民族的发展来讲，这却是致命的。儒家思想让下位者顺，上位者仁。在出现矛盾时，往往只能是在表面上解决矛盾，只能是使矛盾暂时不发作，却并没有真正触动产生矛盾的根源。社会结构和社会制度不能够从解决矛盾中完善自身。这些暂时没有发作的矛盾不断积累，到最终爆发时，社会结构无法承受，导致全面崩溃。中国两千多年来的朝代轮回，儒家思想可以说是罪魁祸首。

孔孟之道的影响，使民众往往不知道要为自己的权益作斗争，不想当官，也不寻求自己的利益代言人，更不会去弹劾罢免危害自身利益的官员。也就是说民众在权力之争中有主动放弃的倾向。而官员却往往比民众更明白权争的利害，乐于看见民众安分守己。刘少奇的《论共产党员的修养》里，通篇都是孔孟语录。表面上这是一篇马列主义的文章，估计刘少奇本人也是这样认为的。但实质上，孔孟之道渗透了里面的每一个文字。毛泽东在文革中，提倡造反有理，革命无罪，批判孔孟之道，就是希望人民能从儒家思想的束缚下解放出来，从而能够为自身的利益去抗争。但文革以后，精英们又开始提倡复兴儒学，试图让儒学再次成为全民族的道德标准。难道只有孔孟之道才是社会道德吗？不过现在的中国人民，尤其是中国的年轻人，已经不是孔孟之道能够糊弄得了的了。

不过，只靠民众的抗争意识是不够的。社会主义还需要在制度上能够保证人民可以公平地参与到权力之争中。毛泽东在这方面做出了伟大的创举。他提倡大鸣、大放、大字报、大辩论，作为群众表达自身意见的方式。他发明了群众造反夺权的方式，让群众有了打倒"走资派"的办法。但当时干群矛盾正是严重之时，而这套办法又是第一次使用，全无经验，更没有配套的规章规则。结果就是天下大乱，全面内战，全国上下造反派保皇派打作一团。其实文革初期的造反夺权之所以猛烈异常，不仅仅是因为造反派的不顾社会次序，当权派同样也没有客气，而且还因为49-66年18年来都几乎没有官员的新陈代谢。那时的官员是只上不下的，终身制的。想想看，全体官员平均文化不到小学，在官位上连干18年不下台，会是什么情况？而如果这些官员一下子全都下台了，又会是什么情况？如果社会主义制度里有一个规范的人民监督造反机制，能够及时地淘汰更新官员，那么不合格官员就不会积累起来达到几乎所有官员都得换掉的地步。

如今，随着互联网的发展，实际上大鸣、大放、大字报、大辩论已经在网络上复活。中国官僚阶级虽然控制着电视广播报刊书籍等主流媒体，并对互联网采取了各种监控手段，仍然不能阻止人民群众在网上表达自己的意愿。由于互联网技术的发展，中国的群众阶级实际上已经开始能够与官员阶级在舆论上对抗。但中国的群众阶级还没有得到平等地参加权力之争的权力。中国官员的选拔、任命、升迁等制度，实际上都是为官员服务的。除了每届人大选举时群众可以投票选举基层人大代表（也就是区、县级人大代表）外，群众是没有资格对官员任用发表意见的。面对全社会的公务员招收考试，招收的只是公务员而不是有权的官员。平时的干部"提拔"，其决定权是在现任官员手里。

人民群众不仅仅是没有平等地参加权力之争的资格，连监督官员的权力都是非常微小的。谈到监督，人们现在实际上都意识到中国的制度里缺少对官员的监督。加强民主监督喊了很多年，可是效果甚微。这里一个重要原因就是群众没有打倒官员的权力，或者说没有弹劾官员的权力。各种事实表明，文革时提倡的民众可以打倒官僚的造反运动更有利于对官员的监督。什么是监督？监督就是不允许其犯错误。犯了错误就要受到惩罚。如果惩罚无关痛痒，那么监督肯定就不会有什么效果。对官员来说，什么样的惩罚是有效的呢？罢官就是最有效的。因此，要想让群众的监督有效，就必须让群众拥有罢免官员的权力。

现在人们习惯称66-76年为十年动乱。这是不符合实际情况的。发生动乱的时期有两个。第一个时期是从63年9月发布《后十条》开始，到65年1月发布《二十三条》止。期间工作队下乡整治群众和基层干部，捆人、打人，搞逼、供、信，导致很多村社基层组织瘫痪。第二个时期是从66年5月发布《516通知》开始，红卫兵和造反派在全国范围造反夺权，全国各地党委、政府、公检法全面瘫痪，国家一片混乱。夺权成功成立革委会后逐渐恢复次序。各地革委会成立时间各不相同，早的在67年1月，晚的在68年9月。两个发生动乱的时期加在一起，不到三年时间。从62年群众向体制和官僚表达不满意见开始，经过63年社教运动，到68年造反派夺取全国权力，实际上是一个逐步发展的完整的过程。这个过程，是一个群众阶级与官僚阶级从意见不合、开始斗争到彻底夺权的过程。以66年为起点，把

66-76年称为十年动乱，而不提66年前的情况，似乎66年前的中国一片歌舞升平风平浪静，实际上就是在隐瞒文革的起因，就是在防止人们正确地了解这个完整的过程，防止人们正确的理解这个过程背后所隐含的规律。

这个过程也不仅仅是毛泽东发动的，而是人民在经受了三年困难时期以后的反思造成的，是群众阶级与官僚阶级的矛盾造成的，是社会发展与体制僵化停滞的矛盾造成的。中华人民共和国建立后，学习苏联老大哥，把苏联的斯大林体制几乎全样造搬了过来。这套体制，从经济上说，是计划经济，从政治上说，是官僚专制、党委监督加密探统治，从意识形态上说，是言论控制和思想垄断。56年，这套体制的弊病导致知识分子和部分工人不满，最后发展成反右运动。62、63年，在经过三年困难年后，广大农民群众成为不满体制的主力军，开始与官僚阶级对立，最终发展成了全面夺权。

在这两个过程中，毛泽东开始都是站在群众一边的。56年毛泽东最初站在知识分子一边。但当官员和知识分子双方成为争权对立面的时候，一边是跟随自己出生入死的手下，一边是以旧社会富贵人家子弟为主的读书人，再加上当时的国际形势，毛泽东选择了打击知识分子（窃以为这是老人家的最大失误。老人家在谈到自己的时候，也表示过一生做了两件大事：建国和文革。却没有把反右和大跃进相提并论。相信他自己也是知道反右搞错了）。而在62到68年，毛泽东则是一直站在群众一边，而且是从行动到理论上都是站在群众一边。作为中国最大的官，如同当初他背叛了他出身的阶级成为人民解放的伟大领袖一样，毛泽东又背叛了官员阶级而成为群众阶级的革命领袖。事实上，整个中共在文革时期分裂为两个集团。一个是以大官们为主体，要保护大官的利益。一个是基层党员为主，要维护群众的利益。毛泽东发展社会主义社会存在长期的尖锐的阶级斗争的理论，就是要为群众夺权提供一个理论依据，就是要为打破斯大林体制提供一个理论依据，就是要为在社会主义社会里建立民主机制提供一个理论依据。遗憾的是，这套理论并不符合社会主义的客观现实。"无产阶级专政"的理论，使得所有的人都坚持自己一方是在维护"无产阶级"的利益，这是文革的各种斗争异常复杂混乱的一个重要根源。理论的偏差，在文革早期带来了思想的混乱，而在68年以后，则是给群众带来了极大的损害。

67、68年造反派夺权成功，毫无疑问毛泽东的支持起了决定性的作用。如果毛泽东支持的是官僚阶级，或者毛泽东中立，群众当时就不可能成功。只不过如果是那样的话，中国的社会主义估计也早就象苏联一样垮台了。而造反派夺权过程中的动乱和武斗，责任也不能由毛泽东来承担。毛泽东支持群众夺权，刘少奇要打击右派和反革命。毛泽东提倡的是大鸣大放大字报大辩论，全都是文斗方式。在出现武斗时，毛泽东马上就说"要文斗不要武斗"。而刘少奇从四清开始，就大搞逼供信，使用野蛮暴力的手段。从62年群众对官僚表现出不满发展到66-68年造反派夺权时的狂暴行为，可以说是一个官逼民反的过程。要说那三年动乱的罪魁祸首，其实就是刘少奇为代表的以社会主义体制捍卫者自居的官僚阶级。而毛泽东的作为，实质上还起到了引导群众防止国家崩溃的作用。比如在天安门广场接见红卫兵。如果那1100万进京红卫兵不是响应毛泽东的号召回到家乡去发动工农促进文化大革命，而是选择在北京革命到底，其后果实在是无法预料的。89年64，在各地学生开始向北京进发时，中共采取措施尽量把学生拦住，就是吸取了文革的经验。否则，如果在天安门广场聚集了百万甚至千万大学生，那么赵紫阳那一句情深意切的"我们老了，无所谓了，你们还年轻"就足以让中国改变颜色。

文革的动乱和武斗，具体地可以分为三类。第一类是针对"地富反坏右"的迫害。第二类是群众与官僚间的夺权反夺权，包括造反派和保皇派的斗争。第三类是造反派在打倒走资派后相互之间的争权。在文革刚开始，刘少奇当家，第一类迫害成了运动的主旋律。很多在第一时间响应《516通知》起来搞大鸣大放贴大字报的高校学生教师被当作"反坏右"而受到打击迫害。在各地学生开始进京声援北京学生，而毛泽东又写了《炮打司令部》以后，刘少奇很快被称为是"挑动群众斗群众"、"转移斗争大方向"的"中国头号走资派"。这时第二类群众与官僚间的夺权反夺权斗争，也就是造反夺权，成了运动的主旋律。待到各地走资派逐渐被打倒以后，第三类造反派之间的斗争开始成为运动的主要形式。这类斗争几乎让文革收不了场。最后是搞"大联合"、"三结合"，各个派别基本上整合在了一起，文革的动乱和武斗才平息下来。

在造反夺权结束以后，从68年秋到76年期间，政治斗争一直存在，但社会次序一直是稳定的，社会生产一直也是稳定的，按那时的说法，就是"抓革命，促生产"。那个时期，当官的都如临深渊如履薄冰，唯恐一不小心走上"资本主义道路"。出生不好的人也整日惶惶随时担心会被什么人为了显示其革命精神而揪出来批斗。但对一般老百姓而言，那个时期不能称为动乱。那时的社会实际是相当安定的。就算没达到夜不闭户路不拾遗的程度，至少小学生自己上学不用担心有人贩子，至少没有黄赌毒黑。但毛泽东一直坚持说文化大革命还在进行之中，就是不说文革结束，就是要把文革继续下去，一直拖到他去世。很多人都不明白，毛泽东这么拖着到底要干什么。但是只要仔细想一下，就会发现这里有几个因素。

首先，毛泽东意识到斯大林式社会主义社会制度有严重缺陷。虽然在《前十条》和《二十三条》里有了一个社会主义民主制度的雏形，但毛泽东对于社会主义社会整个国家制度到底应该是什么样却并没有结论。因此他寄希望于人民群众，寄希望于文革式的造反夺权运动所带来的"天下大乱，达到天下大治"的过程，希望能在这个过程中产生完善的社会主义制度，"不破不立，破字当头，立在其中"，"人民，只有人民才是创造历史的真正动力"，"卑贱者最聪明！高贵者最愚蠢！"毛泽东相信，人民群众一定会最终建立真正的完善的社会主义制度。九大时，林彪陈伯达挑头，包括造反派在内的整个领导阶层几乎一致要求恢复被文革打碎的制度，这令毛泽东大为恼火。林彪在毛泽东的怒火前失去方寸，可叹一代军神，机毁人亡，葬身异乡。

而毛泽东在中国建立社会主义民主监督制度的尝试也没能继续进行。以邓小平为代表的党内右翼，他们是务实的、反对教条主义的，但却反对人民群众拥有造反的权力，维护官僚利益，反对文革。而以王张江姚为代表的党内左翼，他们支持群众造反，但同时又是顽固的教条主义者。他们热衷于实现马列对社会主义的各种设想。这些设想中的一部分已经让中国人民在大跃进前后吃过了苦头。但左派们并不是真的关心群众的利益。他们支持群众造反，更多地是以马列主义里的革命理论为出发点，而不是以人民的利益为出发点。在69到76年间，毛泽东实际上处于一种无可奈何的状态。他用右翼掌管经济，但要防止他们翻文革的案，剥夺群众造反的权力。他用左翼维持人民群众对官员的监督，但要防止他们再次把经济引向疯狂。七十年代左派的口号"宁愿社会主义的草，不要社会主义的苗！"实质上和五十年代的大跃进口号"人有多大胆地有多大产！"同样地疯狂。而且，事实上这种状态一直持续到现在：否认马列某些错误设想的人，往往彻底否认社会主义；而坚持社会主义的人，往往是教条主义的。

二是造反派夺权后，毛泽东发现一个统治阶级又出现了，所以他心里有一个再次发动群众造反夺权的企图。毛泽东表示过文革要每七、八年又来一次。这个每七、八年又来一次的文革，显然不是指69年以后的文革，而是66-68年群众造反夺权的文革。"天下大乱，达到天下大治。过七、八年又来一次。牛鬼蛇神自己跳出来。他们为自己的阶级本性所决定，非跳出来不可。"（毛泽东1966年7月8日《给江青的信》）毛泽东虽然没有确认社会主义社会里有官员和群众两大阶级，但显然认定当权的官员中一定会出现"走资派"。每过一段时间，这些"牛鬼蛇神"就会"跳出来"，欺压群众，因此人民群众就要起来造反，"造反有理，革命无罪！" 毛泽东坚持文革没有结束，就是在等待时机再次痛击"自己跳出来"的"牛鬼蛇神"。

但是遗憾的是毛泽东没能再次等到这样的时机。在68年造反派夺权成功后，上了台的造反派和仍然留在领导岗位上的老干部们成了当时的官员阶级。他们对群众阶级中可能再次出来造反的人：没上台的造反派和下了台的老干部，进行了残酷打击无情迫害。清理阶级队伍、清查516分子、一打三反，大批人受到打击迫害。而毛泽东的社会主义阶级斗争的理论，则成了这些迫害的理论基础。所有这些迫害，都打着无产阶级对资产阶级专政的旗号，打着捍卫社会主义的旗号，打着捍卫毛泽东思想的旗号。群众因此开始反感造反和造反派，反感阶级斗争理论，反感毛泽东思想，反感社会主义制度。造反和政治运动，逐渐失去了号召力。甚至毛泽东本人，在林彪事件后也开始使用其个人权威来打击那些压制群众最积极的当权者。这实际是文革最惨痛的教训。是在社会主义社会里套用资本主义社会的阶级理论的恶果。

其实，台上就是官员阶级，台下就是群众阶级，而不是什么无产阶级和资产阶级。

邓小平当政后，部分实现了毛泽东的想法，那就是领导干部退休离休制和任期制。就算出了"牛鬼蛇神"，最多干到退休。但邓小平禁止群众造反夺权。在当时举国上下一致反对造反的情况下，群众的发言权被轻而易举地取消了。如今的中国，群众只剩下了一个徒有虚表险阻重重的上访的权力。而且，任期制的推行从一开始就不顺利，到现在也还没有彻底实行。

三是毛泽东发现"阶级斗争，一抓就灵"。这种群众随时可以揪出走资派的情况，非常有利于国家的高积累，有利于国家的现代工业体系的建立和国防建设。一方面是全体干部群众都艰苦朴素，不追求物质生活。另一方面是官员的政绩只能以阶级斗争为主题，不敢有亩产万斤、大炼钢铁、世界一流大学之类的豪言壮语。政治极左让政治人物倒霉，经济极左却会让整个国家倒霉。国家的高积累和没有浮夸踏踏实实地经济工作在当时是国家发展所必须的，也是在当时的国际形势下，保证国家安全所必须的。"抓革命，促生产，备战备荒为人民"，"深挖洞，广积粮，不称霸"，是那时中国的决心和底气，也是那时中国面对美苏两大集团的制裁封锁和威胁的无奈。整个六十年代到七十年代，包括群众造反夺权的混乱时期，中国在国防工业方面始终没有停过。64年10月第一颗原子弹，66年10月第一颗地地核导弹，67年6月第一颗氢弹，70年4月第一颗人造卫星，这些都是在那个时期成功的。当然，为这些成果，人民是付出了代价的。高积累，低收入，国富民穷。等到毛泽东去世以后，这种"阶级斗争为纲"的状态就无法维持下去了。一方面是因为中国已经有了足够的工业基础，没有必要再维持下去。另一方面也是因为人民不愿意继续过这种艰苦的日子。

第四，说到文革摧残教育摧残文化，感觉这是毛泽东有意而为的，而且是毛泽东有意要把这种摧残持续的时间越长越好。明批封资修，暗抑马列斯。说前17年的教育路线是资产阶级路线，就是在指鹿为马。那17年教育出来的人，相当一部分认认真真地啃过马列专著。他们面对中国现实，都有种高高在上的劲。面对马列主义，都有股子狂热疯狂的劲。在造反夺权结束后，毛泽东就把这些人都动员到农村去了。一方面为了预防战争爆发青年知识分子集中在大都市而被一网打尽，一方面为了提高农村文化科技水平，但同时也是想让他们能真正地了解中国社会，走出马列书本的框框。文革后7年的教育是全面放羊。文革里的教材似乎非常马列，但毛泽东却提倡考试可以抄，最好考零蛋，还批判师道尊严，种种手段使学校根本不可能强制学生学习不感兴趣的东西。于是文革时期的貌似非常马列的教材其实基本没起作用。这里说文革时期的教材是貌似马列的，是因为毛泽东用一本由只言片语组成的语录代替了系统的理论。就算有人认真学，也学不到系统的马列理论。文革时大学教育只有理工科能招收工农兵学员。而文科干脆不能招生。连带的，马列理论亦不能招生。于是到毛泽东去世时，留下了整整一代对马列学说只知大概，不受马列教条束缚的人。否则，如果全国青年都是能把马列著作倒背如流的优秀青年，个个如二十八个半一般执着狂热，处处死搬硬套马列主义，中华危矣。取其精华，去其糟粕，正所谓也。

文革后七年事实上完成了改革开放的思想准备。对政治运动的厌倦，对提高生活水平的要求，以及新生代对马列主义的不甚了了，都促使中国人民放弃教条主义的束缚。当邓小平号召大家摸石头过河时，人们没有一齐向左摸，而是八仙过海各显神通，终于摸索到了社会主义市场经济的道路上。从这个意义上说，文化大革命确实实现了文化的革命。从80年代开始，就不断地有人讨论中国人的信仰问题。言外之意，就是中国人放弃了共产主义，也放弃了传统儒家思想，所以就没有了思想。这种说法说对了一半。中国人放弃了教条式的共产主义，放弃了维护等级制度的儒家思想。但是中国人事实上成为了真正的辩证唯物主义者，同时中国人并没有丢弃儒家思想中的合理成分。

现在看来，毛泽东只差一步就可以跳出马列设想的"社会主义将消除阶级和阶级对立"的框框。社会主义社会里是始终存在阶级的，就是群众阶级和官员阶级。两个阶级之间，并不是一直在斗争。就如同资本主义社会里劳资双方并不是一直在斗争一样。出现斗争的时候，也不一定是全体群众和全体官僚的斗争。如果是全体群众和全体官僚开始斗争，那么这个社会也就快要崩溃了。多数情况是，部分官员和部分群众发生矛盾。官员中有人腐化堕落、欺压群众、或瞎指挥而导致受害的群众起来抗争。毛泽东所说的走资派，就是那些腐化堕落欺压群众瞎指挥的官僚。这些官僚的所作所为，不是因为受资产阶级思想的影响，而是其阶级地位和个人的私心决定的。他们和群众的斗争，就是官员阶级和群众阶级之间的阶级斗争的一种表现形式。而毛泽东所说的社会主义社会的阶级斗争，却是以全体群众加上那些"好的"干部作为无产阶级，以走资派作为资产阶级，这样一种两个阶级的斗争。这里面有两个误区。一是把那些"好干部"和群众当成了一个阶级。其实群众和官员就是两个阶级，不论他们是否处于对立状态。这一误区导致文革时人们经常搞不清谁是资产阶级，增加了文革的混乱，也增加了心术不正之人浑水摸鱼的机会。二是那时的人们都认为阶级斗争是"你死我活的"。其实阶级之间的关系多数情况不是"你死我活"地斗争的。无论是奴隶主和奴隶、领主和农奴、地主和农民、还是资产阶级和无产阶级，他们并不是一直都在斗争的，有的时候甚至是团结互助的。出现斗争的时候，多数也不是你死我活的，而是互相争取一个利益平衡点。只有在出现极大社会危机的时期，阶级之间的利益已经无法平衡，才会是不死不休的斗争状态。以毛泽东为代表的老一代革命者，他们是从苦难深重的旧中国挣扎奋斗出来的，他们的经历使他们认定统治阶级和人民群众的阶级斗争就是你死我活的。而且在当时的中国，全体人民在这一点上都和老革命们的看法是一致的。这也是文革的夺权斗争发展到动枪动炮性命相搏的一个重要原因。

"走资派"这个名字非常贴切。如果他们得势，他们最终会瓜分公有生产资料，把社会主义变成资本主义。他们腐化堕落欺压群众，其原因并不是资本主义，而是他们的私心。他们的阶级地位，使他们有了腐化堕落欺压群众的条件。只要是社会主义社会，只要有官员阶级存在，就一定会产生走资派。这是社会主义社会自身的规律决定的。"牛鬼蛇神自己跳出来。他们为自己的阶级本性所决定，非跳出来不可。" 这样的官僚，为了一己之私，损害了群众的利益，同时也是在损害整个社会主义的利益 --- 俗称挖墙角是也。走资派的行为破坏了官员阶级和群众阶级之间的平衡。当他们对社会的损害达到一定程度而引起社会动荡的时候，那么就不单单是群众，其他官员也会受到损害。可以说，他们实际上也损害了全体官员阶级的利益。

毛泽东提倡的大民主和群众造反，确实是制衡官员权力、防止官员腐化堕落、铲除贪官污吏的有力措施。在社会主义社会里，群众就应该有造反的权力。但是，群众造反的合理内涵，是群众罢免不适合管理公有生产资料的官员，是群众阶级和官员阶级的阶级利益平衡和阶级斗争，而不是无产阶级和资产阶级的斗争。无论是老革命还是造反派，在台上的就属于官员阶级，就要接受群众监督。无论是红五类还是黑五类，在台下的就是群众阶级，就应该有监督官员的权力。

对于群众造反，应该做的是制定规章将其制度化并防止过激引发破坏，而不是禁止。要正视官员阶级和群众阶级之间的阶级差别和阶级对抗。要使官员阶级和群众阶级的阶级对抗成为制约官员腐败堕落的因素。同时要限制官员阶级和群众阶级的阶级对抗方式，要文斗不要武斗，不应该使其变成暴力对抗。邓小平时代，开始否认阶级斗争，禁止群众造反。那些走资派，现在已经在全体官员中积累到了四处泛滥的程度。贪官和群众的矛盾越来越多，越来越频繁，越来越激烈。如果哪一天，全体群众和全体官员开始斗争，那么中国就会发生一场革命。不是"文化大革命"，而是真正的革命，整个官员阶级都将被打倒，但整个社会也必然将受到严重破坏。要维护社会主义社会健康稳定地发展，就应该在这些贪官出现的时候就把他们拉下来，出来一个拉下来一个，不能让他们积累起来。

造反有理!! 革命无罪!!!!

十. 一党制、意识形态垄断和民主

所谓一党制，是指只有一个党可以执政。

所谓意识形态垄断，是指为了维护某一个社会思想理论体系，将任何与这个社会思想理论体系不同的社会思想都视为敌人，以暴力手段打击镇压那些拥有和传播不同社会思想的人。

迄今为止社会主义国家都是一党制的和意识形态垄断的。它们都只有一个执政党，比如苏联共产党、中国共产党、朝鲜劳动党等。这些执政党都坚持社会主义和共产主义思想，并坚持只有一种社会主义思想是真理。同时，共产党不仅仅是由其唯一的执政党的地位，通过选举来掌控国家政权，它还通过党委制度，牢牢地控制了社会的每一个角落。在各级国家政府机构、工厂、矿山、商店、医院、学校、村庄、军队，在每一个社会单位里，都有党的组织，都有党委（或党支部）。党监视和控制着这些单位的每一个决定，每一个动作。

一党制和意识形态垄断是相辅相成的。意识形态垄断为一党制提供理论基础，一党制为意识形态垄断提供政治保证。这两者是一而二，二而一的。

西方世界一直认为社会主义国家都是专制国家，其实就是因为社会主义国家都是一党制和意识形态垄断的。

各个社会主义国家建立过程各有不同。但走向一党制和意识形态垄断的过程却出奇的一致。建国之前，投身共产主义的革命者们都是具有民主思想的。建立一个民主制度是他们的理想之一。建国之初，其国家制度的基本框架都是参照资本主义的民主国家制度，有议会、选举，诸如此类。但很快，这些国家就都变成一党制和意识形态垄断的了。比如中华人民共和国的政协里有各个党派的席位，第一届政府就是由政协选举产生的。但后来选举政府的权力落到了人大的手里，而人大的代表基本上都是共产党的官员。为什么会这样呢？

前文讨论过，资本主义式的国家制度是不适合管理公有生产资料的。这其实就是社会主义国家走向专制的根本原因。当政府的行政首脑同时拥有全国绝大多数生产资料的控制权的时候，当一个政党在执政的同时又是国家几乎全部生产资料的经营管理者的时候，这个国家走向专制就是必然了。在马列的社会主义理论里，一方面设想的是彻底的人民民主制度，另一方面设想的是集政治、经济、军事权力一体的"人民委员会"的管理制度。马列都没有意识到这两者其实是相互矛盾的。而在现实里，"人民委员会"开始正式工作的时候，"彻底的人民民主制度"就变成了事实上是官员阶级对群众阶级的专政的"人民民主专政"或曰"无产阶级专政"。当这种体制从开始时候的民主表象转向专制的时候，不是这种体制的异化，而是这种体制的本来特点的显现。

马列设想的社会主义社会是具有比资本主义社会更加广泛的民主的社会，一党制和意识形态垄断显然和民主是背道而驰的。这几乎成了一个无解的悖论。苏联建国以后没有多久，布尔什维克党内关于如何建设社会主义就开始了广泛的分歧和争论。在列宁去世后，这种争论达到了白热化的程度。争论的问题涉及国家上上下下政治经济军事各个方面，但其主线其实就是民主还是专制：工厂的权力是归工人委员会还是归布尔什维克党委？国家的权力是"一切权力属于苏维埃"还是"一切听从党的指挥"？军队的领导权是归士兵委员会还是归党的军事委员会？党的权力是归中央委员会集体领导还是归斯大林或托洛茨基？如果按马列的设想来实现民主 -- 由"武装的人民"来进行管理，那么纯粹的百分之百的生产资料公有制就不可能实现 -- 至少在农村，在那个社会主义刚刚建立的时期，一旦放弃党的领导，土地成为私有将是必然的。如果坚持公有制，在行政权和公有生产资料经营管理权一体的体制里，必然就会有人大权独握，走向专制就无法避免。这场争论的结果是几乎所有具有民主思想的老布尔什维克以及那些虽然赞成专制但却并不支持斯大林专制的老布尔什维克（他们都是坚持纯粹的公有制的，且从没想过行政和公有生产资料经营管理的分离）被斯大林从肉体上彻底消灭，一党制和意识形态垄断成了社会主义社会制度理所当然的组成部分。

有了苏联的榜样，其后的各国共产党就没有再次为同样的问题开展争论。他们都认可了一党制和意识形态垄断。他们是无产阶级的先锋队，他们要带领人民走向共产主义，他们必须坚持无产阶级专政。在他们建国的时候，他们的心里其实就已经很清楚，他们建立的整套选举议会之类的制度，都是要为一党制和意识形态垄断服务的。

共产党号称是工人阶级的党，是代表人民利益的，是带领人民反抗统治阶级压迫的。这在社会主义国家建立之前是对的。但是在社会主义国家建立之后，阶级关系已经发生变化。旧的统治阶级不复存在。新的统治阶级已经形成，那就是官员阶级。这时候的共产党是谁的党呢？它代表的是谁的利益呢？除了少数特例，党的官员就是国家的官员，国家的官员也一定是党员。因此执政的共产党，已经变成了官员阶级的党，而不再是"无产阶级的党"。党内官员，实质上就是官员阶级的主体成分。而共产党执政也不是什么无产阶级专政而是官员阶级专政。

意识形态的垄断，要求一个唯一正确的社会主义共产主义理论体系，要求执政的共产党把自己的指导思想说成是唯一正确的，要求执政的共产党的领袖是这个唯一正确的社会主义共产主义理论体系的理论专家。否则，如果唯一正确的理论体系是其他政党的主旨，那么意识形态的垄断反而会成为推翻执政共产党的武器。如果唯一正确的理论体系是党内其他成员的思想，那么意识形态的垄断就会成为党内窝里反的武器。

由于历史的局限，马列等先哲们关于社会主义的设想并不能完全符合社会发展的客观现实。各个以马列主义为指导思想的理论体系，无论是斯大林的、托洛茨基的、毛泽东的，或者其他什么人的，或多或少地有着各种缺陷。因此，要维持"唯一正确"的地位，要以理服人，是很困难的。而且越来越困难。随着人民文化教育水平的提高，越来越多的人能够独立地对社会主义的理论进行思考。随着社会主义社会生产力的提高，根据马列理论建立的体制内部的缺陷越来越明显。就当前的中国而言，意识形态垄断实际上已经维持不下去了。邓小平、江泽民、胡锦涛都搞不出"唯一正确的思想体系"。任何人，只要用马、列、毛理论里的只言片语就可以在理论上挑战邓江胡的权威。而在街头巷尾贩夫走卒的口里，"三个代表"、"八荣八耻"之类的东西都是些笑话而已。

一党制和意识形态垄断，使得共产党成了一个在执政时完全不受监督的党。一党制使得社会主义国家制度里的有关民主的部分，比如人大政协制度、选举制度，实际上都对国家政权没有实质性作用，都成了摆设。俗话说就是像皮图章。只有共产党是执政党，无论怎么选，反正都是共产党当政。这实际上也就是现在的共产党坚持一党制和意识形态垄断的利益之所在。

由于只有一个执政党，如果党内是民主的，那么国家就相对民主些。如果党内是不民主的，那么国家也就是不民主的。在一党制下，民主，充其量只能是全体官员当家作主。现实的情况则是党的领袖当家作主，党的领袖是国家的真正领袖，党委书记是各个部门单位的最高领导。因此，就算是在共产党内有较好的民主气氛的时期，现在的社会主义国家的民主也只是全体党内官员的民主，而不是全体人民的民主，更不是无产阶级的民主。当理想主义的老一代领导人老去后，这个党必然要开始欺压群众作威作福，必然会腐化堕落设法瓜分公有生产资料，最终导致社会主义国家在群众的反抗和贪官的瓜分下崩溃。苏联东欧社会主义的垮台就是这样的情况。当今的中国，出现这种情况的可能性也越来越大。

为了社会主义社会的长期稳定发展，为了维护广大群众阶级的切身利益，为了使社会主义社会成为真正由人民当家作主的民主社会，就必须取消一党制和意识形态垄断，实行多党制。要允许不同的社会主义思想的合法存在，要允许不同的社会主义政党的存在和参与执政，甚至是允许资本主义的政党的存在和参与执政。

在如今一党制没有制约的情况下，共产党虽然一再强调要"为人民服务"，但是相当多的党员，一旦成为官员，就会变成作威作福的老爷，"为人民服务"成了一句空话。多党制下，不同党派必然要设法得到更多群众的支持，必然要把为人民服务落实到实处。党派竞争将更有利于人民利益的保障。

社会主义社会的国家制度，应该保证人民在竞争官职、推选官员、罢免官员这几个方面的人人平等，应该保证群众造反的权力。强大的在野党的存在，将是群众拥有造反权力的重要保证。社会主义社会的国家制度应该是立法、司法、行政、资产管理的四权分立。从党派的角度看，就应该是各个部门不能同时被一党把持，特别是行政和资产管理这两权，执政党将在任期内控制着行政部门，那么执政党的成员就不能在资产管理部门内担任各级首长。否则，一个同时控制着行政和公有生产资料的党就有可能再次回复一党执政的状态。为此，社会主义制度要想长期稳定地存在和发展，就至少要有两个互相竞争执政的政党。

现在一党制下的共产党垄断了国家政权，但并不是所有的党员都是统治者。那些没有官职的党员，也就是一般党员、或被称为群众党员、基层党员，党内的大多数党员，实际上属于群众阶级而不是官员阶级。他们在社会地位、个人利益、生活水平、思想认识等方面都和非党群众一致而不是和官员一致。对于当前官员们的各种腐败现象，他们同样深恶痛绝。随着腐败官员的增加，共产党越来越不能代表其一般党员的利益，共产党对其一般党员的凝聚力越来越低。中国共产党的整党，其目的就是要保持党的凝聚力。但整党的效用，一次比一次低，到现在已经没有什么用了。如果没有竞争、没有制约的唯一执政党的地位不改变，共产党将最终失去一般党员的支持，从而变得涣散无力。苏共在苏联解体时的表现就证明了这一点。而一般党员，除非另建政党来代表自己阶级的利益，否则就要么随遇而安放弃争取自身群众的利益，要么钻营求官以求个人利益的获取。

共产主义社会主义思想有各种不同流派。每个人的认识多少是有不同的。不同时期、不同国家、同一国家的不同地区，因具体情况不同也导致社会主义的建设应该有不同的方式和速度。但一个党必然只会有一个主导思想。因此共产党内经常会为了路线问题斗得你死我活，共产党党内斗争的残酷无情是全世界的人都知道的。但如果是有多个共产主义社会主义党共存，那么不同路线就可以公平竞争和平共处，不必再搞那套残酷无情的路线斗争。不同政党提出不同执政方针，由人民来决定实行哪个方针，由人民决定哪个政党来执政。

虽然共产党是唯一的执政党，但其内部始终存在着不同派别。这些派别，既有思想上的不同，也有利益上的不同。在共产党为夺取政权而奋斗的时候，他们代表的是起来反抗统治者的穷苦民众。"分裂党"对于处于弱势的他们来说是致命的。谁分裂党，谁就是党的罪人，谁分裂党，谁就是人民的罪人。但到了今天，一党制已经开始严重地阻碍社会主义社会的发展。"分裂党"实际上已经是社会主义发展的必然要求了。

谁分裂党，谁就是人民的英雄。

谁分裂党，谁就是社会主义的英雄。

十一．改革与复辟

所谓改革，最初是指在社会主义社会的计划经济体系出现了严重问题无法维持下去的时候，为寻求出路而对社会主义的各方面进行的各种调整。那时改革的主题就是如何跳出计划经济的束缚探索社会主义社会发展经济之路。如今，中国已经走上了社会主义市场经济的道路。但是中国仍然在进行改革，中国社会面临的各种问题使得中国不得不进行改革。现在的改革，早已经不是单单要探索经济之路。我们不妨可以认为，社会主义社会的改革，就是指社会主义社会不断改变调节其社会政治经济结构以适应生产力发展的过程。生产力决定生产关系，经济基础决定上层建筑。随着生产力的发展，改革将是一个贯穿社会主义社会整个时期的过程。

所谓复辟，是指放弃社会主义制度而向资本主义转变。复辟也是在社会主义社会出现问题的时候开始的，而且也号称是在改革。当一条路走不通时，就得转变方向另寻出路。中国是在四个坚持的前提下摸石头过河，走上了社会主义市场经济的道路；苏联搞私有化，走向了资本主义。基本上可以断定，改革和复辟的区别，就在于是否私有化，是否把公有生产资料转变为私有生产资料，是否维护公有生产资料的公有性质。在允许私有生产资料经营的同时，维护公有生产资料的公有性质，就是改革，就是坚持社会主义。以发展私有经济为名，乘机把公有生产资料私有化，就是复辟，就是走资本主义道路。

在社会主义社会，公有制前提下的、允许私有制存在的市场经济体系的建立，是生产力发展的必然结果。以为发展市场经济就是走资本主义道路的看法，实际上是不正确的，是教条主义的。这里有两个不同的倾向：一种是以为市场经济就是资本主义，把资本主义的弊病归咎于市场经济，因此反对发展市场经济坚持计划经济；一种是因为了解计划经济的弊病所以要发展市场经济，但却以为市场经济就是资本主义，于是要求抛弃社会主义，彻底实行资本主义。

但是从社会主义复辟资本主义，不仅仅是允许私人经营产业和搞市场经济，而是要瓜分公有生产资料。"精英"们鼓吹私有化的时候，不是想着实实在在地经营产业，而是想以非法的手段侵吞公有资产，想乘机把人民群众几十年辛勤劳动积累起来的社会财富据为己有。这是对人民的犯罪，这是对革命先烈的背叛。复辟正在严重地损害着中国的社会的各个方面，包括政治、经济、文化、社会安定、民族关系、国防安全、人民生活等。复辟就是条罪恶之路。

复辟的最大危险来自贪官污吏对公有财产的侵吞，而不是来自"资产阶级自由化"和"资本主义民主"，也不是来自于合法经营的民营私有产业。官僚们以坚持社会主义为借口反对民主的目的，就是为了能够不受约束肆无忌惮地侵吞公有生产资料。官僚们将合法经营下增长的私有资本和巧取豪夺国家财产而积累的私有资本混为一谈的目的，是掩盖他们对人民犯罪的真面目。我们前面分析过，社会主义社会里，剩余价值是按资本和权力同时分配的。但是，如今贪官污吏对公有资产的侵吞，已经超出了对剩余价值多拿多占的程度，而是要把公有生产资料本身吞为己有。贪官污吏们不单单是要占有工厂的利润，还要把工厂也占为己有。

现在再来看一看第一章提到的什么是修正主义这个问题。由于马列主义关于社会主义的设想并不完全符合社会发展的客观现实，因此必须根据客观实际，对马列社会主义理论进行修改。所以是否对马列主义进行了修改不能作为判断是否修正主义的标准。但是应该怎样修改呢？在历史上，不同的社会主义思想和流派之间互相争辩，纷纷指责对方是修正主义。其标准是明确的：将导致资本主义复辟的理论就是修正主义理论。但是这个标准在明确到底什么是社会主义之前又是不明确的。比如有人认为发展市场经济就是修正主义，坚持计划经济才是社会社会主义。但实际上，禁止市场经济实际上起到了限制社会主义生产力发展的作用。这样做的结果恰恰是使社会主义在和资本主义竞争中失败从而资本主义复辟。这样做起到的作用实际上就是修正主义所起的作用。但在明确了社会主义的本质以后，现在可以明确地说，修正主义的关键就是否认公有生产资料。至于其他的，比如是否支持计划经济，是否支持市场经济，是否支持私有生产资料的存在，都不是判别是否修正主义的关键。

就当前的中国来讲，针对国有企业经营问题，有各种不同的态度。比如把国企经营不善归咎于市场经济的发展，忘记了计划经济使国企裹足不前的历史，也没有去从每一个国企的具体情况来归纳国企经营不善的原因。其实归纳国企经营不善的原因并不困难。几乎每个中国人都可以直接归纳出这个原因，就是私心作祟，也就是社会主义基本矛盾的一个表现。很多人因此把国企经营不善归咎于公有制，认为应该取消公有制。这种看法意识到了公有制和私心之间的矛盾，也认识到私心是不可能被消灭的（这是由社会主义里生活资料私有决定的），却不考虑如何在公有和私心之间实现制衡，而是干脆抛弃公有制。这就是彻头彻尾的修正主义。持这种看法的人，其动机有两种。一种是为己，巴不得把公有财产变成自己的财产。这些人抛弃公有制就是为了中饱私囊。一种是为公，既然无法让公有生产资料有效地运转，那么只好暂时放弃公有以便发展生产力。等到将来有条件有效地经营管理公有生产资料时再来实现公有制。非常遗憾，这些人无意中为那些贪官污吏提供了混水摸鱼的理论工具。

社会主义中国对社会制度社会结构的调整，始于文革。从66年造反夺权开始，"踢开党委闹革命"、"砸烂公检法"，到68年造反派全面夺权，全国上下用革委会代替政府和党委，"祖国江山一片红"，中国的社会制度社会结构发生了很大的变化。66年前传承于苏联的制度被打烂重建。西方世界一直认为社会主义中国，特别是文革时期的社会主义中国，是和苏联利用秘密警察进行统治的铁幕社会主义相似的。这实际上是不正确的。两者是根本不同的。一个是由上而下地，政府利用特务手段，强力压制对体制不满者。一个是由下而上地，群众随时准备造走资派的反。反倒是文革后，很多苏联体制里的东西在中国又开始恢复。五毛和国安正在不断地增加力量和知名度。但是66-68年的体制调整，也就是文化大革命，过于激烈。在调整体制的同时，也对社会造成了很大的破坏。在人们心目里，文革更象革命，而不象是改革。

1976年毛泽东去世以后，中国开始走上了改革之路。如今，30多年过去了，让我们回头看看这30多年来的调整变化。

1. 确定了改革的地位。改革是社会主义社会发展的必然形式。改革是社会主义社会发展的内在的固有的机能。社会主义社会的基本矛盾，决定了在社会主义社会里，随着生产力的发展，随着社会政治经济的发展，各种社会矛盾会不断地出现，不断地摆在人们面前。社会主义社会必须不断地调整自身，以求解决这些矛盾，避免这些矛盾。社会主义制度也在这样一个过程中不断发展完善。否则，如果让这些矛盾积累起来，就会导致矛盾大爆发，导致文革式的社会动荡，或导致苏联解体式的社会崩溃。

2. 实现了市场经济加适当的政府调控的社会主义经济模式。依靠这种经济模式，中国的经济在改革开放的30多年里取得了稳定持续的高速发展。这个发展，是市场经济解放了生产力的结果，也是公有制下的政府调控避免了经济危机的结果。这是改革开放以来的最大成就。

3. 承认了私有生产资料的合法地位，实现了以公有制为主体的、多种所有制并存的所有制形式。这是社会主义市场经济的基础。但同时，官员贪污腐化侵吞公有财产的情况越来越严重。通过各种不正当手段，大量公有财产被私人占有。大批国有企业在贪官的侵蚀下或无能官员的糟蹋下陷于倒闭，大批国企工人下岗。私有生产资料在整个国家经济中的比重逐渐上升，公有生产资料在整个国家经济中的比重逐渐下降。与之相应的，是政府宏观调控能力正在逐步下降，国家避免经济危机的能力正在逐步下降。如果这个过程继续下去，国家将失去避免经济危机的能力。迄今为止，由于整个经济一直处于发展状态，在国企不断倒闭的同时私企不断发展，国企下岗工人也大都能进入私企继续工作。但如果哪一天经济危机来临，大批企业倒闭，大批工人失业，将带来极大地社会问题。

4. 确定了依法治国的方针，开始了建设法治国家的历程。虽然现在的中国人治依然随处可见，但法治将是大势所趋。

5. 意识到了行政部门和资本经营部门混为一体所造成的弊病。在这30多年里，做出过"党政分家"、"政企分家"等尝试。最近又成立了国务院国有资产监督管理委员会，以及各地方上的公有资产管理机构。但这些公有资产管理机构还没有脱离行政部门而独立运行，也没有成为民主机构。中国实际还没有意识到产生这些弊病的根本原因。没有意识到行政和资本经营应该是两个相互独立、相互制衡的部门。没有意识到公有资本经营机制必须是真正的民主的、公开透明的。

6. 实现了干部离退休制度，废除了干部终身制。开始了推行官员任期制的过程，期望能解决干部能上不能下的问题。推行了公务员考试录取制度，提供了公平竞争一般干部（不是掌权的官员）的途径。但是，以社会主义不存在剥削阶级为理由，取消了大鸣大放大字报大辩论，取消了群众造反夺权的权力，只有从上到下的监督，而没有从下到上的监督，使得整个官员阶级不再受群众阶级的直接监督。同时，人大的选举仍然是间接选举，因此领导官员（与一般公务员不同的、那些手中真正有权力的官员）的任命是自上而下的，是向上级负责而不是向人民负责的。

7.　由于计划经济体系的打破，资金来源受到影响，毛泽东时代建立的公共医疗等各种社会福利和社会保障体系、全民教育体系、以及农村的农田水利灌溉体系，在改革之初出现了全面萎缩。如今，正在市场经济的条件下重新建立恢复之中。但是贪官横行严重影响了恢复速度。在农村，特别是老少边穷地区，其恢复速度几乎为零。农田水利灌溉体系基本荒废，村社五保体系和合作医疗体系已经不再存在。而教育的问题也是相当严重。一是农村学校，尤其是偏远贫困地区，资金师资缺口严重。希望小学解决了一定问题，但却不是一种固定的政府制度，不是长久之计。二是农民工子女的教育问题，由于户口制度的限制，他们多半无法受到适当的教育。孩子入学应该以居住地为准而不应该以户口为准。三是高校产业化政策实在是个祸国殃民的政策。不妨和美国作一个比较。美国公立社区大学（相当于我们的大专），其收费标准是人人都能读得起。公立大学，其收费标准是在贷款和勤工俭学的帮助下人人都能读得起。私立大学收费高，但其专业设置紧跟就业市场，招生人数相当节制以免超过就业市场容量。公立大学由政府出钱，为人民服务。私立大学自负盈亏，就踏踏实实地作为产业来经营。但中国的高校产业化，高校拿国家的钱，却不为人民服务，作为产业经营，却又大搞假大空，不顾学生出路 --- 他们不怕学生出路不好而断了生源，因为所有高等学校都是这样的。这实质上是行政和资产经营混杂的一种特例，是官僚为了政绩不顾实际而大搞假大空的特例，也是不学无术的领导可以无所顾忌地瞎指挥而不怕被群众罢免的特例。而浪费了青春和金钱却毕业即失业的学子和他们的家长们就成了受害人。

失业大学生人数的增加，以及整个社会公共体系的长期退化，必然给整个社会带来极大问题。

8.　经济发展的同时，资本主义也正在复辟之中。大量的公有资产被私人非法占有。复辟正在严重地损害着中国社会的各个方面，包括政治、经济、文化、社会安定、民族关系、国防安全等。由于群众没有起来造反罢免官员的权力，贪官污吏在官员中积累得越来越多。借侵吞公有财产致富的资本家也越来越多。等到他们哪一天有了足够的力量，他们会毫不犹豫地把广大人民群众60来年积累的劳动果实瓜分一空。事实上他们一直在行动着。如今高昂的房价，就是多年来官商勾结不停地从中捞取巨额资金留下来的大窟窿。大批倒闭的公有企业中，有相当部分是被他们掏空了以后倒闭的。而早在84年，胡耀邦赵紫阳当政期间，开始实行价格双轨制。从中央到地方，各级领导的子女家属亲朋好友纷纷成立皮包公司。他们利用领导的关系，以计划内国家定价买进，以计划外市场价卖出，倒买倒卖，大发横财。导致了86-89年间物价在两年多里涨了十倍，全国上下一片恐慌。而当人民，特别是青年学生对种种弊病表示不满的时候，部分官员又利用手中控制的舆论，欺骗群众，在把弊端简单地归结为改革不到位的同时，意欲乘机推动私有化，全面瓜分公有生产资料。幸运的是，邓小平在89年六四时压制了"改革派"的企图。可悲的是，天安门广场上长眠的学生无谓地付出了生命的代价。可叹的是，流亡海外的学运领袖们至今仍然没有认清六四实质上是官员阶级和群众阶级的一场阶级利益大冲突。他们没有认识到，邓小平和赵紫阳都是官员阶级的代表，不管他们是否长着民主的脸。

9. 意识形态的垄断已经开始放松。在现在的中国，人们普遍认识到了马列经典著作中的很多设想并不符合现实，各种资本主义的思想言论也可以自由传播。但是，不同流派的社会主义和共产主义思想仍然受到限制，仍然坚持一党制。任何危害一党制的言论和行为都会受到打击。这种纯粹是为了维护共产党一党掌权的意识形态和言论控制，事实上已经开始成为官僚阶级转向资本主义、瓜分公有生产资料、并以改革的名义欺骗群众的喉舌和工具。他们现在所说的坚持党的领导，其实是在维护官僚阶级不受群众阶级监督地统治国家，是要不受监督地控制公有生产资料，是要把全体人民的公有财产变成全体官僚的"公有财产"。他们所说的深化改革，往往是为了他们能方便地、合法地侵吞公有财产。

如今，中国的改革开放已经发展到了这样一个阶段：如果不能制止贪官们继续侵吞公有资产，如果不能制止复辟的继续进行，那么国家就可能陷于动荡之中，几十年的发展成果就可能毁于一旦。制止复辟，坚持社会主义，是广大人民群众的根本利益之所在。要坚持社会主义的根本点，防止复辟的继续发展，第一是要防止公有生产资料被贪官污吏侵吞，打击贪官污吏；第二是保证公有生产资料的合理经营管理；第三是要有一个合理地调节私有生产资料比例的机制，比如遗产税、累进的个人所得税、甚至是累进的个人资产税等。要做到这三条的关键，是社会主义的民主，是人民要掌握竞争官职、推选官员、罢免官员的权力，是人民要有了解公有生产资料如何经营的权力。只有这样，人民才能维护人民自己的利益。

"当开始发展市场经济，开始发展私有经济的时候，中国就已经是资本主义了"，这是一种相当普遍的观点。但实际上，中国迄今为止，仍然是社会主义社会。在私有经济发展的同时，公有制并没有消亡，中国的公有生产资料仍然占据着主要地位。960万平方公里土地，矿藏，森林，河流，海洋，各种基础设施，国家的重金属、资金和外汇储备，国有大型公司和企业，这些都是公有生产资料。并且，中国近30年来的经济发展，也是社会主义保障的，是由公有制和私有制的并存、市场经济和政府调控的并存保障的。如果只有私有制没有公有制，就必然要发生经济危机，就不可能有这30年的持续发展。欧美各国，包括北欧的高福利国家，就从来没有停止过经济危机的反复发作。而中国，虽然不断地有各种局部的经济不协调，也不断地受到国际经济危机的影响和冲击，但却没有爆发整个社会的全面经济危机。之所以中国能够做到这一点，就是因为社会主义，就是因为政府能够在公有资产的基础上对经济进行调控。社会主义社会里，在公有资产的基础上，政府对经济的调控能力，是资本主义社会里的政府无法比拟的。

"先发展资本主义，等条件成熟了再实行社会主义"，这也是一种相当普遍的观点。这种观点，和前一种认为发展市场经济和发展私有经济就是资本主义的观点，事实上是近30年来中国的主流思想。这种思想，可以认为是一种反对社会主义的思想。但是，正是在这种思想的影响下，中国的经济体制实现了从"纯公有制加计划经济"到"公有制和私有制并存、市场经济和政府调控并存"的转变，实现了社会主义社会发展和完善的一个巨大进步。私有经济与市场经济发展了，并且和公有经济与政府调控结合在了一起。发展资本主义的思想，和社会主义制度的完善，在这30年里，完成了一个历史性的合作。马克思的社会主义设想里，在否认了资本主义的生产资料私有制的同时，也否认了商品交换和市场经济，否认了多党制和议会制的政治制度，否认了分权制衡的国家体制，甚至否认附带着财产关系的婚姻制度，并且基本上忽略了生活资料的私有。这实际上是过头了。社会制度的进步，不单单要创新和否定过去，也要继承和发展过去。中国这30年来的改革开放，用实践，在经济领域，发展了那些应该从资本主义社会里继承的部分。为了先发展资本主义，人们完善了社会主义。这或许不是个完美的合作，却确实是一个伟大的合作。

但是，合作即将终结。

经济发展和政治体制落后的矛盾已经越来越大。官员腐化堕落干群矛盾加剧，国有资产严重流失，分配不公贫富分化，住房教育医疗费用高涨，治安恶化黑恶势力猖獗，黄赌毒蔓延社会公德败坏，等等问题越积越多。改革和复辟的分野已经越来越清晰。历史已经把一个三叉路口摆在人们面前，并且在其中一个方向上安放了一个巨大的地雷：也许人们更喜欢称之为"地产泡沫"。

十二．当务之急

08年里，中国多处发生群众和政府的对立事件，翁安、孟连、陇南、惠州、丽江、出租司机、教师、……。这些事件各有其具体起因，但是群众对官员的不满甚至是仇恨情绪却是共同的。这种情绪的积累，是那些贪官污吏造成的。如果群众没有造反的权力，这些贪官污吏就会越来越多，越来越肆无忌惮。其后果，就是群众对官员的不满和仇恨情绪也越来越多。"哪里有压迫，哪里就会有反抗"。在中国，发生更大规模的群众和政府对立的事件，从而导致社会动荡的危险正在一天天地增加着。

苏联就是在这样的动荡中解体的。苏联当时是世界上两大超级大国之一，是最发达的社会主义国家。它有广沃的国土，丰富的自然资源，发达的工农业，先进的科学技术，和受过良好教育的人民。苏联解体后，经历了一段相当困难的时期。

其他社会主义国家，各方面都不如苏联。特别是在中国这个拥有13亿人口的国家，如果官员们瓜分了公有生产资料，如果社会主义崩溃，国家会处于什么样的状态？人民会处于什么样的状态？

这种动荡，无论是群众还是官员，应该都是不愿意其发生的。中国，以及现存的各社会主义国家，都应该设法避免这类动荡的出现。

那么，怎样才能避免这类动荡的发生呢？长远地说，就是要完善社会主义国家的政治制度，就是要在社会主义国家制度里实现生产资料经营和行政权力的分离，实现公有生产资料的公开经营管理，实现人民拥有罢官的权力的民主制度，实现多党制和舆论自由。毫无疑问，这将是一个复杂而艰难的过程。而当务之急，就是反贪。为了反贪，必须尽快开始以下几条。

1. 推动公有资产的公开经营管理

公有财产正在以惊人的速度被侵蚀，必须立即堵住这个口子。为此，必须尽快推动公有生产资料的公开经营。其中包括银行贷款公示制度，国有企业经营管理公开制度，和含有公有资产的混合制经济单位的定期财务报告制度。

中国的银行，里面的钱是个人的存款和公家的钱，人民有权力知道这些钱是如何投资的。前文提过，社会主义社会应该有一个独立于国家行政部门的公有生产资料经营管理部门。这个部门应该是民主公开的。而国有银行，当然应该是这个管理部门的一部分。它的经营管理就应该是向全体人民公开的。当前，银行贷款是官商勾结瓜分公有生产资料的最重要手段，贷款情况公开就可以使蛀虫暴露在众目睽睽之下。

比如某开发商以某项目的名义（例如房产开发）向银行贷款，该项目实际成本只要一百万，但却贷款一千万。多贷出的九百万，就被瓜分了。待项目完成，其成果推向市场时，就是按一千万成本来定价，就是一个天价的东西。如果能够按天价卖出，那么银行的贷款还能还上，那九百万就是由消费者买单。如果卖不出，那就成了银行坏账。为了避免坏账，银行就鼓励消费者贷款来买那个天价商品。比如有10人每人贷款120万，然后从开发商那里购买了那些天价商品。那么开发商就可以还清银行贷款，成功脱身，而且还能额外得到两百万销售利润。这个时候银行收回了开发商的一千万贷款，却又有一千两百万贷款在那10个消费者手里。而那10个消费者呢？就成了为开发商买单的冤大头，不得不为了还清贷款而努力奋斗。

可能有人会说这其实是商业运作，贷款买房是提前消费，涨价是商品经济的结果，也是群众消费意识不成熟盲目跟风的结果。这样说是错误的。这里的要害不是贷款买房，不是提前消费，而是官商勾结，是"天价"。

首先，从银行里贷出比实际所需资金高很多倍的钱，这个就是个官商勾结。你如果不给官员好处，你去贷这么多钱试试看！其次，贷款归还期限非常长，长到"房子不卖出去就可以不还钱"。这个还是个官商勾结。你如果不给官员好处，你贷款不还试试看！

贷款有了这样两个特点，接下来就可以涨价了。开发商贷来的款只有少部分用在建设上，剩下的钱可以让它几年没收入都可以过富豪生活，而且还能用这些钱来把房价往上抄。这些钱又不用急着还。于是开发商就可以把房子捂在手里，把价格慢慢地炒上去。没有这两条，地产商哪里有时间和资本来"炒房"？根本就没风的情况下，群众又如何会"盲目跟风"？

而银行再次配合。一方面不急着收回贷款，甚至可能给开发商追加贷款，让它们可以炒得更高更久。另一方面给百姓贷款，让他们可以把房产接手，从而让地产商成功脱身。

在这里，银行起的作用是什么？中介？这可不是一般的中介。是的，银行确实拿不到多少钱，但是银行的一番配合，就让地产商赚得钵满锅满，也让跟地产商合作的官员个人们大赚特赚。银行的超额贷款，使得地产商在拿到贷款的时候，就已经拿到了巨额的利润。而正常的商业经营，应该是在地产商销售房产之后才能拿到利润。这就是所谓的地产绑架了银行：如果房子不能在高价位上出售，那么亏的是银行。

这种运作是正常的市场运作吗？如果银行贷给地产商的额度就基本上是建设所需，并且定下一个到期必须还钱的期限，这种运作能发生吗？

可能会有人说，现在房价虽然高，却是有好房子住。不让运作的话，利润太低，那就没人建房了。这样说的人，心实在是太黑太贪了。正常的商业，有10%的利，就是绝对可以做的，就会有人做的。但是，现在的地产，那就是真的是"空手套白狼"，无本万利！地产商在每套住房上得到的利润，是房子成本的几倍甚至是几十倍。如果是正常的商业运作，这些资金可以多盖几倍的房子。

贷款公示，就可以让全体人民能够监督贷款的用途。贷款是用来建房的，不能用来炒房，不能把利润提前送给地产商。贷款公示的内容，应该包括几个方面：贷款金额、利率、年限；贷款项目情况；项目开发人或开发单位情况。贷款公示的方法，可以用互联网。

可能有人会说贷款是商业机密，岂能公开示人？如果一个人用他自己的资本从事经营，他想怎么保密就可以怎么保密。但如果他要用人民的钱，就必须给人民一个交代。当然不妨加一个限制，比如上网查看贷款情况，必须是该银行的储户，用身份证号码实名登陆。

而对已经形成的天价商品（各种泡沫，如房产），应该由国家出面，各级政府或人大任命调查小组，展开公开调查（贪官和开发商长期苦心经营，秘密调查是没用的），调查过程在互联网上公开。在十三亿人民面前，贪官奸商们必将原形毕露。在全体人民的协助下，追还被瓜分的公有资金，降低房产价格，并考虑已经按高价购房者的退款。

国有企业的经营管理，也应该公开。要向本企业职工公开，也要向全体人民公开。这是维护社会主义制度所必需的，是维护公有生产资料神圣不可侵犯所必需的。在国有企业的经营管理中做各种手脚是贪官侵吞公有财产的重要途径。比如国企领导和一些私企勾结，国企向这些私企高价进料低价出货。于是国企连年亏损，而向国企高价出售原料或低价买入产品的私企则平白大发其财。又比如国企将完好设备物资报废送给私企，或低价出让给私企。等等等等，手段不一而足。但是公开经营管理将是所有这些手段的克星。国企公开经营管理的具体形式，可以包括财务公开，决策公开，另外每个国企可以建一个论坛，讨论企业经营管理中的各种问题。

在第五章关于社会主义社会基本矛盾的讨论里，我们曾考虑过本企业职工对企业领导的监督问题。由于企业领导的管理者地位，使得职工对领导的监督是非常无力的。但在企业公开经营的情况下，职工的合理要求就会得到全社会人民的支持，从而职工可以对领导进行有效的监督。

对含有公有资产的混合制经济单位，则应该实行财务报表的公示制度。与股份制上市公司定期公开发布财务报表类似，含有公有资产的混合所有制经济单位应该向全体人民定期公开发布财务报告。但是，这个财务报表要特别报告其中的公有资产的情况，是增值了还是缩水了。而人民将据此考虑决定公有资本是否要继续对该经济单位投资。

2. 立即开始罢免不称职的官员

贪官污吏已经积累的太多了，必须立即罢免这些人。为此，群众要立即行使竞争官职、推选官员、罢免官员的权力，这是社会主义社会里的天赋权力。要立即开始行动，罢免那些**不称职**的官员。为什么是罢免不称职的官员呢？因为要证明一个官是贪官不是件容易的事，那是司法机关的工作。如果等有足够证据确定一个官是贪官再罢免，那么这个官多半已经祸害社会好几年了。现在的情况就是这样。只要官员没有被证实是罪犯，哪怕他是嫌疑极大的罪犯嫌疑人，他也能在官位上屹立不倒。难道说官员可以都是罪犯嫌疑人吗？对官员的监督，不能等到他被证明是罪犯的时候再去处罚他，而应该在他开始变得不合格的时候就把他罢免。这样，一方面可以使社会免受罪犯的长时期的破坏，另一方面也可以避免一个老实公民沦落为罪犯而在铁窗后渡过残生。所以只要群众觉得一个官员不称职就应该罢免掉。"群众觉得其不称职"就可以罢免一个官员。这就是"造反有理"的原则。"造反有理"是社会主义民主的最高原则。

中华人民共和国宪法在原则上赋予了群众罢免官员的权力。宪法中有不少条文都与此相关，例如宪法的第2条："中华人民共和国的一切权力属于人民。" 又比如第63条，第101条等。

但是，中国还没有群众罢免官员的任何具体法律程序和规章细则。于是当群众对官员不满意时，往往只能是去上访。可是上访是什么呢？毛泽东说"扫帚不到，灰尘照例不会自己跑掉"。这个上访，就是要求大灰尘去把小灰尘扫掉。所以上访是不会有用的。那么我们说，请政府赶快建立群众罢免官员的具体法律程序和规章细则吧！这个行不行呢？这个就是好比说：灰尘们，请赐予我扫帚吧！灰尘们应该还不傻，所以这个也是不行的。

"从来就没有什么救世主，也不靠神仙皇帝。要创造人类的幸福，全靠我们自己。" 群众要拥有罢免官员的权力，唯一的办法就是去罢免官员！用一切可能的方法去罢免令人不满意的官员。而有关的法律程序规章制度，就会在群众不断地进行罢免官员的实践过程中产生、发展、和完善。

其实66-69年文革的造反，就提供了群众罢免官员的经验。这些经验，就应该可以归纳出来作为制度。例如"串联"就是一条。当一个人发觉某官员不称职的时候，就要通过口头交流或信件往来，跟其他群众交流信息。如果有足够多的群众有相同的看法，就说明认为该官员不称职不是一个片面的看法，这个时候就可以大家一起把要求罢免该官员的要求向全体人民提出来。就当前中国的国家制度而言，各级政府是由各级人大任命的。因此群众就可以找一个或若干个相关的人大代表，要求他们在人大提出罢免该官员的要求。如果人大代表拒绝群众要求，群众可以考虑改选该人大代表。

又例如"四大：大鸣大放大字报大辩论"也是一条。当一部分人提出要求罢免某官员时，要进行公开讨论，全体人民发表意见。要在全体人民面前进行公开辩论。这种公开讨论和公开辩论是公平的保证。公开讨论可以在媒体上特别是互联网上进行。而公开辩论，在人大制度的框架下，就可以在人大进行。要求罢免的群众和对立的官员进行辩论。辩论通过媒体的现场实时报道向全体人民公开。

再比如"要文斗不要武斗"，也就是要和平不要暴力，要以理服人，要用投票而不是用打架来做决定。整个要求罢免的过程中，不允许出现暴力。使用暴力的一方要受到惩罚。

那么，由谁来决定是否罢免一个官员呢？在人大制度下，可以是由人大代表们来代表人民，通过民主投票来决定表决。但这个表决必须是记名投票而不是无记名投票，每个代表要向人民公开表明自己的态度。如宪法的第2条所述："中华人民共和国的一切权力属于人民。"向全民公开的记名投票，将保证人大代表确实是在代表人民行使权力。

以下是一个设想，希望能有用 --- 只是希望建立这套制度的过程不会出现暴力。

1). 比如某市市长，若有若干群众联名(比如说1000人)，或若干市人大代表联名(比如说5人)，对此市长提出弹劾，则弹劾动议成立。弹劾者须向市人大提供书面材料陈述弹劾理由。市人大常委会即时开会讨论审核该弹劾动议，决定是否启动弹劾程序，并将所做决定和决定理由(包括每个市人大常委会委员的态度)通知弹劾发起人。如果弹劾发起人数达到一定程度(比如一万)，则该弹劾动议自动成立，启动弹劾程序。

2). 在一定时间限度内(比如30个工作日内)，市人大将召开听证会，听取双方意见。被弹劾者市长和弹劾者们(那一千群众、或他们的若干代表、或那些联名弹劾的人大代表)到场(弹劾者缺席则弹劾取消，被弹劾者缺席则官职被罢免)。人大提前若干天(比如20个工作日内)通知弹劾者与被弹劾者双方听证会时间地点，并把弹劾者提供的弹劾理由书面材料复制分发全体市人大代表和被弹劾者。被弹劾者接到通知后，可准备书面申辩理由，尽快提交人大，人大将把申辩理由复制分发全体人大代表和弹劾者。

3). 听证会上，双方辩论若干轮(比如两轮)。每轮辩论，包括4步：

各自发言若干时间(比如30分钟)；双方各向对方提若干问题(比如5个)，每个问题有若干回答时间(比如5分钟)；双方辩论若干时间(比如30分钟)，轮流发言，每方每次发言不超过3分钟；人大代表(不包括发起弹劾者，如果弹劾发起者是人大代表)向双方提问若干时间(比如30分钟)，被提问者每次有3分钟回答时间。

4)．听证会结束后在一定时间限度内(比如30个工作日内)，市人大将召开裁决会。被弹劾者市长和弹劾者们(那一千群众、或他们的若干代表、或那些联名弹劾的人大代表)到场(弹劾者缺席则弹劾取消，被弹劾者缺席则官职被罢免)。人大提前若干天(比如20个工作日内)通知弹劾者与被弹劾者双方裁决会时间地点。

5)．弹劾者和被弹劾者双方在裁决会之前若干天(比如10个工作日)，可以补充提供相关书面材料，人大将复制分发到每一个人大代表和弹劾被弹劾者双方。

6)．裁决会上，先由全体人大代表(不包括发起弹劾者，如果弹劾发起者是人大代表)自由发言若干时间(比如不超过3小时)，每位代表发言不超过5分钟，其间发言代表可以向弹劾者和被弹劾者提问，被提问的弹劾者或被弹劾者每次可有3分钟回答时间。

7)．自由发言后，弹劾者和被弹劾者各有若干时间(比如10分钟)的最后陈述。

8)．到会人大代表进行实名表决，每名代表必须公开让人知道其决定。少数服从多数。

9)．整个过程必须向全体人民公开，包括弹劾者的全部书面弹劾材料，被弹劾者的全部书面申辩材料，听证会和裁决会上每一个人的发言，每一个人大代表的投票内容(市长罢官、市长留任、弃权)。两次会议不能有其他人旁观，但记者可以到场，政府传媒必须有记者到场并全场实况向全体人民播放。会议要留下录音或录像记录。全部记录、材料和最后结果要放到网络上向社会公开。

10)．如果整个过程中发现有人有违法嫌疑(有关弹劾双方的涉嫌违法行为、是否有人提供虚假材料、听证裁决会上是否有打人行为)，则要将有关材料移交司法部门，由司法部门处理。

11)．如果最终结果是市长留任，则市长继续其职务。若干时间(比如一年)内任何人不能以同样理由再次对市长提出弹劾。

12)．如果最终结果是罢免市长，则市长即刻停职，由常务副市长暂时代理市长职责。同时市人大开始启动重新选拔任命市长的程序(中国宪法，人大任命同级政府官员)。但这位新的市长任期将比较短，到下次政府换届时为止。

13)．弹劾仲裁的目的，是判断该官员是否适合其职务，而不是判断其是否违法乱纪。违法乱纪者当然不能继续任职，但也可能该官员遵纪守法却不适合其职务。如果被免职官员没有违法乱纪，就要保持其公务员资格，降低若干工资级别后作为普通公务员安排工作。

14).整个过程的公开，包括每个人大代表的投票意见的公开，是必须的。这是公平的保证。众目睽睽下徇私作假舞弊者将无所遁形。如果某人大代表在此过程中表现不佳，就可能成为下一个被弹劾的官员。我们习惯搞无记名投票，但无记名投票不适合这里。同样，最开始群众联名向人大提出弹劾动议时，人大常委会里每个委员的讨论意见也是要公开的。

15).不同的官员，依据其级别和出处，其提出弹劾者和仲裁者各有不同。比如县政府官员，就是所在县群众或县人大代表有资格提出弹劾，由县人大裁决。县长级别低于市长，提出弹劾的人数就可以低些。比如250人就可以弹劾县长，50人就可以弹劾县公安局长或县人大代表，余此类推。又比如某省人大代表，若是由某市人大选出，就是该市群众或人大代表有资格提出弹劾，该市人大有资格裁决。

16).　以上程序，是以当前中国人大制度为前提的构思。只是虽然宪法上写的是由人大任命同级政府首脑，实际上好像橡皮图章并没这个权力。所以，需要争取才能实现。

17).　以上程序，是在看电视里 Obama 和 McCain 竞选辩论时想到的。发达资本主义国家的民主政治制度已经相当成熟了，有很多东西都是值得社会主义社会借鉴的。实际上，中国各级人大代表和各级政府官员的产生，也都应该采取类似的程序。公平、透明、理智是这个程序的灵魂。马恩列斯都批判过资本主义国家民主制度的虚伪性。但这个虚伪性是由生产资料的私有制决定的。资本主义社会的民主必然会受私人资本操纵。这不是民主制度本身的错。民主制度实际上是一种工具，一种能够让各种利益群体公平、透明、理智地讨价还价的工具。就好比当初日本人端着三八枪来侵略中国，三八枪是鬼子杀人工具。八路军就夺三八枪来消灭鬼子，而不会拒绝使用缴获的武器。

18)．以上程序相当简单，比如只是双方自辩，没有证人介入，更没有律师之类的介入。可以预期，社会主义社会里对弹劾官员的仲裁，将发展出一个类似于由法庭仲裁一个人是否犯罪的仲裁体系。

19)．以上程序，其发起弹劾只要不太多的群众。也就是说，只要有少部分群众发现了某个官员的问题，认为该官员不适合继续任职，就可以把问题呈现给全体人民。但是仲裁决定是由人大代表在全体人民面前公开做出，实际上也就是让全体人民来决定该官员的去留。

3. 人民群众要建立自己的政党，要在中国实现多党执政制度。

社会主义社会民主的关键，是人民取得罢免官员的权力。人民群众建立自己的政党和多党执政制度，与取得罢免官员的权力，这两者是相辅相成的。

如果群众没有罢免官员的权力，不同党派就很可能形成妥协，由现在的一党垄断公有生产资料的控制权，变成多党瓜分公有生产资料的控制权。另一方面，就算人民群众取得了罢免官员的权力，如果没有多党派，至少是两党的竞争，一党制下的执政党可以有很多机会轻易地解除群众罢免官员的权力。

而人民要得到罢免官员的权力，也必须建立自己的政党。如果群众要罢免某一个官员，或者是要在国家制度里取得罢免官员的权力，必然要遭到整个官员阶级利用其手里的权力和国家机器的压制。投身于其中的群众，要有勇于斗争的精神，要有敢于牺牲的准备，也要采取团结奋斗的策略。群众如果不团结起来，不组成自己的政党，不把分散的力量集中起来，就不可能取得成功。

文革的造反派，就是先组成群众组织，然后才夺权成功的。但后来不同的造反派开始争权。这时候，毛泽东采取了大联合的方法，把这些组织一股脑融进了革委会系统。让毛泽东纳闷不已的掌权的造反派又成了官僚老爷的现象，跟这些群众组织的消失不无关系。如果当时毛泽东维持这种造反组织遍天下的状态，同时制定法规来规范造反过程，说不定就可能使社会主义的民主在那时就建立起来。不过话说回来，一个国家里有成百上千个政党的情景，还是不太容易想象的。

各个社会主义国家的宪法，在其字面上都是允许人民建立政党的。中华人民共和国宪法里有以下几条：

第1条　中华人民共和国是工人阶级领导的、以工农联盟为基础的人民民主专政的社会主义国家。社会主义制度是中华人民共和国的根本制度。禁止任何组织或者个人破坏社会主义制度。

第2条　中华人民共和国的一切权力属于人民。人民行使国家权力的机关是全国人民代表大会和地方各级人民代表大会。人民依照法律规定，通过各种途径和形式，管理国家事务，管理经济和文化事业，管理社会事务。

第35条　中华人民共和国公民有言论、出版、集会、结社、游行、示威的自由。

根据这几条，人民建立旨在维护人民利益、完善社会主义、打击贪官污吏的政党，建立自己的社会主义的政党，就是符合这个宪法的。如果执政的共产党动用政府的力量禁止、压制、甚至是暴力镇压人民建立自己的社会主义的政党，那共产党就是在违反宪法。

共产党在社会主义国家里的地位，是由几个方面保证的。一是利用意识形态的垄断，号称是唯一的社会主义政党。二是号称是工人阶级的党、无产阶级的党，号称是为人民群众谋利益的党。三是在所有的单位里建立党组织，使得党的势力能够达到整个国家的每一个角落，特别是用支部建在连里的办法控制了军队。但是，如前文所述，意识形态的垄断已经维持不下去了。其"无产阶级的党"的性质也早就开始蜕化变质，它已经不再拥有人民和基层党员的衷心拥护。失去了人民的拥戴，失去了基层党员的忠诚贡献，它通过党组织对社会和人民的控制实际上已经是一个完完全全的空架子。它还能够维持统治的基础就是它的统治，就是它手里的政权和金钱，就是它手里的专政机关。近一段时间在中国发生的一系列"群体事件"

中，官僚们能够用来平息事端的唯一办法就是动用专政机关，它已经做不到以理服人了。但是什么是专政机关呢？那不是机器，不是"党的驯服工具"。而是由一个一个人组成的，是由一个一个的人民群众组成的。他们在抗震救灾的时候可以舍生忘死，他们在打击罪犯维护人民安全保卫国家和平的时候可以奋不顾身。但他们绝不会成为贪官们手里的驯服工具。他们为了自己的工作生计，在局部的群众起来反抗贪官污吏的时候，可能会不得不服从长官的命令。但是一旦全体人民起来造贪官的反，那么他们必然会站在人民的一边。共产党，特别是充满贪官的共产党，现在它实际上就是个纸老虎。

可能有人会说，以人民名义建立的政党，一旦执政，还能代表人民吗？这里有两个方面。一方面是，政党方针的转变是要有时间的。在一个党刚刚从在野党变成执政党的时候，是不会马上走到人民对立面去的。就算是现在的中国共产党，里面的多数党员还是人民的一员。另一方面是，多党制下，总有在野党存在。这些在野党，自然会设法代表人民的利益。因为他们需要人民的支持以便重新执政。因此，多党竞争执政，必然比一党制更加有利于人民，更利于社会主义。

十三.　社会主义社会制度的建立

关于社会主义制度的建立，这里只讨论如下两个问题。

1.　关于社会主义社会在人类社会发展的历史进程中的位置

按马克思的设想，人类社会的发展过程应该是从封建社会，到资本主义社会，然后到社会主义社会，最后到达共产主义社会。马克思认为，当全世界的资本主义充分发展以后，资本主义制度将无法适应生产力的进一步发展而成为社会进步的绊脚石，这时一种新的社会制度　---　社会主义制度　---　将取代资本主义制度。马克思设想的社会主义制度有以下特点：生产资料公有，生产有计划进行，产品按劳分配，没有阶级，没有剥削，没有阶级压迫，没有经济危机。

历史的发展，已经证明社会主义社会确实具有了防止经济危机的可能。这是社会主义社会最根本的优越性。但是以为社会主义是非常完美的天堂，那也是过于一厢情愿了。社会主义社会有自己的社会问题，有阶级、有剥削、有阶级压迫、有贪污腐化、有分配不公、有政治危机。马克思设想的社会主义并不完全符合社会现实。

社会主义制度在人类社会发展的历史进程中的位置也和马克思设想的不完全一致。它的建立，不需要以充分发达的资本主义为前提。1917年前的俄国是一个半资本主义半农奴制的国家。1949年前的中国是一个半资本主义半殖民地半封建的国家。这两个国家都不是发达的资本主义国家，却先后建立了社会主义制度。另外，发达的资本主义是否会被社会主义取代？现在还不得而知。反倒是在苏联东欧的社会主义垮台之后，取而代之的是资本主义制度。

如果从生产力水平来看，当今的社会主义社会与资本主义社会是处于同一层次的。如果从社会生产组织方式来看，当今的社会主义社会与资本主义社会是基本相同的。就当今中国而言，其生产力水平不如发达资本主义国家，但又强过那些落后的资本主义国家。至于说工厂、商店、公司、市场等社会经济组织结构，可以说该有的都有。

因此，可以认为，在人类社会发展的历史进程中，有一个相当长的的历史时期，是既可采用资本主义也可采用社会主义的。资本主义可以被社会主义取代，社会主义也可以被资本主义取代。当代任何一个国家，无论是走社会主义道路还是资本主义道路，都是符合社会发展水平的，都是符合生产力发展水平的。至于究竟一个国家是采取社会主义制度还是资本主义制度，则取决于这个国家的具体情况，取决于社会经济、政治的需要，取决于这个国家全体人民的愿望，取决于愿意走社会主义道路的人和愿意走资本主义道路的人之间的力量对比。

虽说社会主义和资本主义都能符合当前的生产力发展水平，但并不表示它们都能够完美地适应生产力的发展。无论是社会主义还是资本主义，都有它们自己的问题。资本主义里生产资料私有和社会化大生产的矛盾，使其无法克服经济危机的反复发作。而社会主义里，生产资料公有和生活资料的私有之间的矛盾，也给社会主义带来自身的缺陷。这些缺陷，是如今社会主义里的人会愿意走向资本主义的本质原因。

对于现实现实存在的社会主义，一个普遍的观点是：因为现实的社会主义和马列设想的不同所以认为现实不是社会主义。这实际上是一个片面的观点，没有看到公有生产资料占优这个社会主义的实质。这种观点，因为人的立场不同，导致人们各种不同倾向。有的左派企图去实现完全符合马列设想的社会主义制度。这是不可能实现的。还有些左派认为资本主义已经在中国全面复辟，忘记了中国仍然还有大量公有生产资料存在的事实，忘记了人民才是这些公有生产资料的主人。这实际上是放弃了人民的权力。而右派则认为应该先放弃公有制发展资本主义，等资本主义充分发展后再搞社会主义。这些都是社会主义走向资本主义的思想根源。

认为现实不是社会主义这个观点产生的深层原因，就是几十年来社会主义表现出来的一个普遍问题：公有生产资料的经营问题。这是迄今为止，社会主义基本矛盾表现出来的最大问题。一方面是在计划经济时期，整个国民经济逐渐变得僵化而失去发展活力。另一方面是，在进入市场经济以后，经营不善和贪官污吏使国企不断地萎缩。这个问题，就是社会主义可能被资本主义取代的经济根源。

公有生产资料经营的关键在于处理好公有生产资料、企业领导、和企业职工这三者利益的对立统一关系。如果能有效地实行全体人民的民主监督，保证全体人民的利益，保证公有生产资料的利益，那么这个问题是有望解决的。

除了公有生产资料的经营问题，现存社会主义还有诸如行政权和公有生产资料管理权混杂的问题、一党制和意识形态垄断等问题。这些问题，都是社会主义基本矛盾的表现。这些问题，都有可能解决。但同时，这些问题也都有可能导致社会主义走向资本主义。所以不妨可以认为，社会主义社会的基本矛盾，将表现为各种不同的问题。这些问题解决了，社会主义就会向前发展。但同时，如果这些问题解决不了，就会使社会主义走向资本主义。

跳出了计划经济束缚的中国在30年里的发展，已经多少展现了社会主义比资本主义优越的地方，虽然很多人并不承认这一点。而解决了公有生产资料经营问题的社会主义，将在更多方面展现出比资本主义的优越性。随着社会主义的发展，随着社会主义不断地解决自身所出现的问题，社会主义将在越来越多的方面显示出比资本主义的优越性。社会主义走向资本主义的可能，或者说资本主义复辟的可能也就越来越低。

也许有人会说，就算社会主义能克服现在的问题，从而转向资本主义的可能性变小，但是这个可能性还是存在的。社会主义还会出现其他问题，这些问题都可能导致资本主义，所以说不定哪天就变回资本主义了。而现代的发达资本主义，几乎不再可能爆发社会主义革命，不再可能出现社会主义。所以，最后，还是只剩下资本主义。

事情会是这样吗？

这就是下一个问题。

2. 关于议会道路

所谓议会道路，是指资本主义国家里的无产阶级通过参加议会选举的途径，以争取在议会获得多数的方式，掌握国家政权，从而和平地将国家改造成社会主义国家。

世界上社会主义共产主义政党在议会中取得多数从而成为执政党已经是屡见不鲜。这些社会主义共产主义政党上台后，就会采取一系列措施对国家进行社会主义式的改造。比如把一些企业收归国有，支持工会，增加各种社会福利如义务教育、失业救济、医疗保险、养老金制度等等。这些措施，在很多方面取得了很大成功，当今的资本主义社会里，社会主义的成分已经越来越多，特别是在社会福利和公共服务方面。在无产阶级和共产主义者们不断地斗争下，资本家们已经把剩余价值当中的相当一部分拿出来用于整个社会。

但迄今为止，还没有哪个国家由此真正成为以生产资料公有为主体的社会主义国家，社会主义共产主义政党在这方面可以说是相当地失败。与之相应地，各个资本主义国家的社会福利保障体系的基础，都是资本主义经济而不是社会主义经济。没有公有生产资料的支撑。一旦经济危机发生，这些社会福利保障体系都必然陷于困境之中。

以英国工党为例，工党多次执政，如1945年的阿特利政府，1964年的威尔逊政府，1976年的卡拉汉政府，前任布莱尔政府，及现在的布朗政府。前几次工党上台执政时，一方面会加强各种社会福利，另一方面就会把煤炭、铁路、钢铁等重要企业收归国有。但是这些国营企业很快会处于经营不善效益低下的境地，然后由于整个国家的经济问题，工党下台，保守党上台，然后私有化。如此反复拉锯多次。到了布莱尔担任首相时，工党干脆放弃了公有化的主张，不再坚持搞企业国有化。

很明显，这里的关键还是在于国有资本的经营不善问题。如果解决不了国有资本的经营不善问题，以和平方式从资本主义社会过渡到社会主义社会是不可能的。但是，如果解决了公有资本的经营问题，只要资本主义社会里出现了公有生产资料，那么这个公有生产资料就可能会逐渐发展壮大，从而最终取得主导地位。这样，以和平方式从资本主义社会过渡到社会主义社会就完全是可能的。

至于公有生产资料的出现，在资本主义国家其实是始终存在着这样的可能性的。这是由资本主义本身的弱点决定的。资本主义无法克服经济危机的反复发生。一旦经济危机发生，那么就只有两个办法：等待市场的恢复和政府介入。一旦政府把资金注入经济领域，这个资金就是公有资本，就是公有生产资料。可以说，资本主义里每一次经济危机发生的时候，就是资本主义通向社会主义的大门打开的时候。虽然人们不一定会从这个门走过去，就算走过去了也不一定呆得住。但是这个可能性，却确实是存在的。事实上，苏联和中国社会主义制度的建立，也都是以当时俄国和中国的危机为前提的。

而为了克服经济危机出现的公有生产资料，能否在资本主义社会里持续地存在下去，则又回到了前面的老问题：能否合理的管理经营公有生产资料。如果在克服经济危机的过程中，公有生产资料本身也有了令人信服的发展，那么，在渡过危机以后，把临时用来应急的公有生产资料保持下来就是可能的。而把被动地应付经济危机改成主动地预防经济危机，让公有生产资料一直存在下去也是可能的。

所以，虽然每个社会主义国家都有可能复辟资本主义，但同时，每个资本主义国家也都可能会出现公有生产资料。从长来看，社会主义必将最终取代资本主义。

十四．展望未来

以公有生产资料为特征的社会主义国家，已经存在了90多年。如同马克思设想的那样，公有的生产资料使得社会主义社会对经济危机有了很强的抵抗能力，这已经是不争的事实。

但是马克思对社会主义社会的很多设想是不合实际的。社会主义社会的所有制应该是公有制为主，私有制为辅。社会主义社会是商品社会，其经济模式应该是市场经济为主，政府调控为辅。社会主义社会是一个阶级社会，存在着官员阶级和群众阶级两大阶级。资本主义破产后可能被社会主义代替，但同样地，社会主义破产后也可能变成资本主义。社会主义社会里，如果群众阶级没有向官员造反的权力，那么官员阶级就会最终瓜分公有生产资料而使社会主义变回资本主义。

社会主义制度还远远没有达到完善的地步。社会主义国家制度应该是立法、司法、行政和公有生产资料的经营管理的四权分立，而不仅仅是三权分立，更不应该是一党专制。

因为生产资料的公有，竞争官职、推选官员、罢免官员的权力是社会主义社会里每一个公民的基本权力。在社会主义社会里，公有财产神圣不可侵犯。怎样才能保证公有财产神圣不可侵犯？那就是要保证每一个公民有罢免官员的权利、选举官员的权利和竞争官职的权利，就是要保证每一个公民有知道生产资料是如何经营管理的权利。否则，如果由少数人把持了官职的任用，由少数人把持了公有生产资料的经营管理，公有财产的公有性质就名不符实，公有财产神圣不可侵犯也就无从讲起。"造反有理！革命无罪！！"

社会主义社会有通过改革不断完善自身的能力。社会主义社会的基本矛盾是生产资料公有和生活资料私有的矛盾，这一矛盾将表现为各种局部和整体、局部和局部的矛盾，表现为群众和官员两大阶级的矛盾。当矛盾出现的时候，只要采取解决矛盾而不是压制矛盾的办法，不断地调节自身的社会制度，社会主义社会就会在矛盾不断出现不断解决的过程中不断发展。另一方面，如果不能及时地适当地解决这些矛盾，不能对社会制度进行改进，让这些矛盾积累起来，那么就会导致政治危机，甚至导致整个社会的崩溃。而如果乘产生矛盾解决矛盾之机，将公有生产资料转化为私有生产资料，那么社会主义就会向资本主义演变。

如同毛泽东主持的《二十三条》所述，社会主义的民主应该是"政治民主，生产民主，财务民主，军事民主"。生产资料的公有，使得社会主义社会的民主，具有了不仅仅是在政治方面，而且是在生产资料经营管理方面实现最广泛的民主的前景。虽然在当今的各个社会主义国家里，无论哪方面的民主程度，都是相当不足的，但是可以预期，在不远的将来，在广大人民群众阶级的不懈努力和抗争之下，民主的社会主义社会一定会有实现的那一天。

可能有人会说，也许哪一天现存的社会主义国家都步了苏联的后尘而倒掉，哪里还谈得上社会主义社会的发展和社会主义社会民主的发展？是的，社会主义国家始终存在着垮台的可能。但是，垮台以后是否就一定会变成资本主义？重新建立社会主义的可能性是存在的。而且以后新出现的社会主义国家，必然会吸取以往的经验，必然会在一开始就立足于建立一个真正人民当家作主的社会主义制度。另一方面，资本主义国家始终存在变成社会主义的可能。比如最近尼泊尔就极有可能走向社会主义。很多国家里有社会主义政党。更有一些国家是社会主义政党执政。比如这次经济危机，马克思预想的全世界的资本主义都玩不转的情况出现了。可以说，资本主义制度无法克服的经济危机，事实上就是人类社会通向社会主义的大门。各个资本主义国家最后都将不得不由政府提供巨额资金投入经济领域来渡过经济危机。这些投入经济领域的政府资金，实质上就是公有生产资料。美国政府对汽车工业的救助已经开了一个头。经英国工党奋斗一百多年而始终没能在英国站稳脚跟的公有生产资料，很可能就在这次世界经济危机中在全世界范围内站住脚。

展望未来，我期待我能看见。

写作说明

本书初稿于08年底仓促完成，使用了笔名清河出版。当时虽然主题思想表达清楚了，但书中不足之处颇多。

在09年秋，书的二稿中英文版一起完成。第二稿相对第一稿增补了不少内容。我同样是立刻就安排出版。该次出版，公开使用了本名。增加的内容主要有两条。一是如何保证公有生产资料的合理经营。二是讨论了从资本主义必将走向社会主义的发展趋势。

在初稿完成并出版以后，我开始将书中观点拿到网络论坛上和人讨论。讨论的过程，让我受到不少启发。第一章关于主观能动性的观点，是在mitbbs上与人讨论时的结果，我特在此表示感谢。遗憾的是讨论的原帖很快就被和谐了，我当时没有来得及存下来，过后实在想不起跟我讨论的网友的网名了。文革反思一章，在写第一稿时，我不知道68年造反运动结束以后当权的造反派和老干部联手镇压其他造反派的情况。通过在文革网上和网名为李德青、镰刀、虎贲等的几位网友的论战，让我了解了这些历史事实。而且他们还提供了很多马恩列斯关于阶级的论述，给我不少帮助。虽然他们在社会主义的阶级问题上并不同意我的观点，我还是要感谢他们。今年上半年在民社网，社会民主人士高寒先生指出了"公有，国有，还是官有"的问题。这是社会主义理论中一个非常重要的根本性问题。我在书的第一、第二稿中都没有涉及这个问题。为此，我又对书的第二章进行了改写，增加了对这个问题的讨论。在此亦向高寒先生表示感谢。

本书多次改写，可能会造成读者阅读上的不便，我在此希望读者谅解。中国的现状，我的处境，都使我不得不采取这种不管三七二十一，先出版了再说的办法。

为了消灭思想，它们对思想施以火刑。但思想终将成钢。

2010年7月15日于美国芝加哥

www.ingramcontent.com/pod-product-compliance
Lightning Source LLC
Chambersburg PA
CBHW072131280526
45788CB00002B/588